HK 航空服务管理专业教材

HANGKONG FUWU GUANLI
ZHUANYE JIAOCAI

Minyong Hangkong
Dimian Fuwu yu Guanli

民用航空
地面服务与管理

主　编◎刘海英　范　薇
　　　　栾　玲　黄　希

首都经济贸易大学出版社

Capital University of Economics and Business Press

·北　京·

图书在版编目（CIP）数据

民用航空地面服务与管理/刘海英等主编 . -- 北京：首都经济贸易大学出版社，2018.9

ISBN 978 - 7 - 5638 - 2841 - 8

Ⅰ.①民…　Ⅱ.①刘…　Ⅲ.①民用航空—机场管理　②民用航空—旅客运输—商业服务　Ⅳ.①F560.81　②F560.9

中国版本图书馆 CIP 数据核字（2018）第 190489 号

民用航空地面服务与管理

刘海英　范　微　栾　玲　黄　希　主编

责任编辑　刘　欢　彭　芳

封面设计　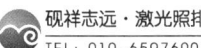砚祥志远·激光照排
　　　　　TEL: 010-65976003

出版发行　首都经济贸易大学出版社

地　　址　北京市朝阳区红庙（邮编100026）

电　　话　（010）65976483　65065761　65071505（传真）

网　　址　http://www.sjmcb.com

E - mail　publish @ cueb.edu.cn

经　　销　全国新华书店

照　　排　北京砚祥志远激光照排技术有限公司

印　　刷　北京玺诚印务有限公司

开　　本　787 毫米×1092 毫米　1/16

字　　数　256 千字

印　　张　10.25

版　　次　2018 年 9 月第 1 版　2021 年 3 月第 3 次印刷

书　　号　ISBN 978 - 7 - 5638 - 2841 - 8/F · 1574

定　　价　49.00 元

编审委员会

编审指导委员会

前　言

　　自新中国成立以来，我国民航业在航空运输、通用航空、机队规模、航线布局、法规建设以及运输保障等方面发展迅猛，我国已迈入世界航空运输大国之列。航空运输总周转量持续增长，迫切需要大量专业性的从业人员，这也为中国民航教育事业带来了新的挑战和发展机遇。

　　民用航空地面服务是民航服务重要的组成部分，也是民航业发展不可或缺的重要保障。民航地面工作人员良好的职业形象、扎实的专业知识以及规范的工作流程能够有效提高民航地面服务质量，提升民航机场以及航空公司的竞争力。

　　本书共分为十一个章节，主要内容包括民用航空机场的发展历史、机场的构成及功能、机场运营与管理和具体部门设置及职责、机场候机楼管理及流程、机场值机服务、机场安全检查服务、特殊旅客运输服务、重要旅客的运输服务、旅客运输不正常服务、机场候机服务、机场商业服务等诸多方面，通过知识梳理、案例分析、实践操作、课后练习等环节以图文并茂的形式展现，具有一定的前瞻性，适用于航空专业的学生学习。

　　本书编写人员为具有多年飞行经验的行业专家及具有多年教学经验的高校骨干教师，他们为本教材的编写付出了辛勤的劳动，同时也丰富了自己的专业教学。

　　由于时间仓促，水平有限，书中疏漏、错误在所难免，恳请各位专家、同行批评指正。

目　录
Contents

目 录 ‖ Contents

第一章　民用航空机场的发展历史

 **学习目标**

掌握世界机场发展的三个阶段
掌握中国通用机场发展的三个阶段
掌握机场的构成及功能
掌握机场的分类及等级划分
了解国内外主要机场的概况

随着经济文化的快速发展，国际交流日益频繁，民航运输快捷、舒适，大大缩短了人与人之间的空间距离，对政治、经济、文化及社会生活产生了巨大的影响。

民用航空机场是民航运输的重要基础设施和组成部分，是专供民用航空器起飞、降落、停放以及进行其他活动的划定区域，包括附属的建筑物、装置和设施。

经过几十年的建设和发展，我国民用机场总量初具规模，机场密度逐渐增大、服务能力和现代化程度不断提升。目前，我国已初步形成了以枢纽机场为中心、以省会或重点城市机场为骨干、以其他城市支线机场为配合的民用航空机场布局，民航运输机场体系初步建立。

第一节　世界机场发展的历史概况

最早的飞机起降落地点是草地，一般为圆形草坪，飞机可以在任何角度，顺着有利的风向来起降，周围会有一个风向仪以及机库（因为当时的飞机一般是木头和帆布制成，不能风吹雨打、日晒雨淋）。之后开始使用土质场地，避免了草坪增加的阻力，然而，土质场地并不适合潮湿的气候。随着飞机重量的增加，起降要求亦跟着提高，混凝土跑道开始出现，任何天气、任何时间皆适用。

机场的发展历史大约可以分成三个阶段。飞机在1903年出现的时候还没有机场的概念，当时只要找到一块平坦的土地或草地，能承受不大的飞机重量，飞机就可以在上面起降了。

一、第一阶段

谁是世界上最古老的机场目前仍有争议，但毫无疑问，成立于 1909 年位于美国马里兰州的大学园区机场（College Park Airport）是世界上最古老且持续经营的机场，虽然它只是个小型机场。真正意义上的机场最早于 1910 年在德国出现，用于起降"齐柏林飞船"。这个机场只是一片划定的草地，安排几个人来管理飞机的起飞、降落，设有简易的帐篷来存放飞机。很快，帐篷变成了木质机库，但仍然没有硬地跑道，被划定的草地并不像一个机场，反而更像当时的公园或者高尔夫球场，当然更没有与飞行员通话的无线电设备，也没有导航系统帮助飞行员在恶劣的天气情况下起降。空中交通管制就是由一个人挥动红旗作为起飞的信号，在这种条件下，飞机只能在白天飞行。由于这个时候的飞机在安全性和技术方面尚不稳定，而且作为新生事物，也没有被社会广泛接受，所以使用十分有限。直到 1920 年，飞机还多用于航空爱好者的试验飞行或军事目的的飞行，并不搭载乘客，所以机场也只是为飞机和飞行人员服务，基本上不为当地社会服务。这是机场发展的幼年期，只是飞行人员的机场。

二、第二阶段

1919 年后，随着第一次世界大战的结束，飞行技术得到迅速应用，欧洲一些国家率先开始对机场设计进行初步的改进，当年修建完成的巴黎机场和伦敦机场保证了巴黎至伦敦的定期旅客航班的开通，欧洲开始建立起最初的民用航线。1919 年 2 月 5 日，德国的德意志航空公司开辟的柏林至魏玛的每日定期民航客运是欧洲第一条民航飞机定期航线。1919 年 3 月 22 日，法国的法尔芒航空公司使用法尔芒—戈立德飞机在巴黎和比利时的布鲁塞尔之间开辟每周一次的定期航班飞行，这是世界上第一条国际民航客运航线。1919 年 8 月 25 日，英国第一家民用航空公司"空运和旅游有限公司"使用德·哈维兰公司生产的可载客 4 人的 DH－6 型双翼飞机开通的伦敦至巴黎每日定期航线是世界上第一条每日定期航班。

随着航空运输的发展，机场大量建设起来，特别是在 1920—1939 年，欧美国家的航线大量开通。同时，为了和殖民地联系，各殖民国家和殖民地之间开通了跨洲的国际航线。如英国开通了到印度和南非的航线，荷兰开通了由阿姆斯特丹到雅加达的航线，美国开通了到南美和亚洲的航线，机场在全世界各地大量出现。随着航空技术的进步，飞机对机场的要求也提高了，机场建设中出现了各种问题，如航管和通信的要求、跑道强度的要求、一定数量旅客进出机场的要求，为满足这些要求出现了塔台、混凝土跑道和候机楼，现代机场的雏形基本出现。这时的机场主要是为飞机服务，是飞机的机场。

第二次世界大战中飞机发挥的重要作用使航空业得到快速发展，也在全世界范围内进一步刺激了机场的发展。美国联邦政府以更好地保卫美国国防及美国利益为由，拨巨资作专项资金建设和改进了数百个机场。其中最大的和装备最好的机场由政府接管，确保机场设施最先进，保证适应大型军用飞机的使用，同时继续鼓励私人开发建设机场。美国政府对机场建设的支持一直延续到第二次世界大战之后，这使美国成为世界上机场数量最多的国家。在第二次世界大战以后，出现了更成熟的航空技术及飞行技术，加上全世界经济复苏的推动，国际交往增多，航空客货运输量加速增长，开始出现了大型中心机场，也叫航空港。

1944 年，国际民航组织成立，对世界航空运输统一管理的机构出现了。在国际民航组织的倡议下，52 个国家在美国芝加哥签署的《关于国际航空运输的芝加哥公约》成为现行国际航空法的基础。国际民航组织在国家机场设计方面和空中交通规程标准化方面起到了十分重要的作用，ICAO 标准和推荐的规程包括了跑道特性、机场灯光和大量有关安全的其他标准。在 20 世纪 50 年代，国际民航组织为全世界的机场和空港制定了统一标准和推荐要求，使全世界的机场建设有了大体统一的标准，新的机场建设已经有章可循。

三、第三阶段

20 世纪 50 年代末，大型喷气运输飞机投入使用，使飞机变成真正的大众交通运输工具，航空运输成为地方经济的一个重要的不可缺少的组成部分。这种发展也给机场带来了巨大的压力，它要求全世界的机场设施提高等级。首先，先进的飞机性能要求各个机场的飞行区必须有很大改进，不仅是跑道、滑行道、停机坪的硬度和宽度、长度，还涉及飞机起降设施水平的提高、空管系统的改进等。其次，载重量更大、航程更远的喷气式飞机的使用，也造成乘机旅行客流量和货运量的增加，原有的候机厅可能不能满足需要而要重新设计或改扩建，满足新增加的需求。在这种情况下，大量的机场需要改进，而改进大量的机场需要数量巨大的资金。以美国执行的方针为代表，在确保机场基金的情况下采取向用户征收（包括旅客）机场使用费的办法扩充机场扩建所需资金，确保了机场设施等级和水平的提高，从而使机场得到了有效改进。

从 20 世纪 60 年代和 70 年代起，自美国开始向世界各国延伸的机场改扩建行为就一直没有停止，并逐步出现了固定式旅客登机桥、候机楼与飞机间的可伸缩式走廊，出现了因候机楼面积扩大而供旅客使用的活动人行道（电梯）和轻轨车辆，出现了自动运送行李和提取系统，出现了在候机楼与远处停放飞机之间的运送旅客的摆渡车，也出现了许多新建或扩建的先进货物处理设施。

得到了技术改进、提升的机场，不仅保证了航空运输行业日益发展的需求，而且带动了机场所在地的商业、交通、旅游、就业等，它为所在地区的经济发展提供了巨大的动力。但是机场的发展也为城市带来了许多矛盾和问题，如随着飞机起降速度的增加，跑道、滑行道和停机坪都要加固和延长；候机楼、停车场、进出机场的道路都要改建和扩建；航班数量的增加使噪声对居民区的干扰成了突出问题等。但不论如何，机场成了整个社会的一个部分，因而这个时期的机场是"社会的机场"，这种情况要求机场的建设和管理与城市的发展有协调的、统一的、长期的考虑。

第二节　中国机场的历史发展概况

我国的民用机场发展较早，在 1910 年清宣统年间，当时的清政府利用南苑驻军操场修建了中国第一个机场。中国机场建设的真正跃进是在我国实行改革开放以来，民用航空事业进入了高速发展的新时期，民用机场建设也得到了持续快速发展，机场在数量、标准、规模、质量和服务水平方面获得了前所未有的发展。1990 年，我国民用机场旅客吞吐量为 3 042 万人，1997 年就达到 1.11 亿人次。1990 年，我国民航机场飞机运行仅为 36 万架次，1997 年即达到了 140 万架次。

2003 年全国开通民用运输机场 143 个，据统计，到 2012 年 6 月底，全国开通航线运输机场共 182 个。运输机场是民航业的基础建设，机场建设的速度、规模和科学技术水平直接关系到我国民航业的整体发展。随着我国民航业的快速发展，我国的机场建设步伐也在稳步加快，但相对于民航业发达国家，差距仍较大，尤其是支线机场还很少，目前我国支线机场的密度不仅低于美国、欧盟、日本，也低于印度、巴西这些发展中国家，要实现我国未来的民用航空发展目标，建设支线机场是大方向。

2017 年 4 月 14 日，中国民航局发布《通用机场分类管理办法》，对通用机场实施分类分级管理。2017 年 12 月 25 日，中国民航局飞行标准司发布《关于进一步简化通用机场飞行程序管理工作的通知》，进一步简化了通用机场飞行程序管理工作。政策的发布说明国家高度重视通用机场管理工作，为中国通用机场发展创造了适宜的政策环境，在贯彻"安全第一"原则的前提下，对通用机场的管理实行"放管结合"，更好地支撑通用航空的整体发展。

一、中国通用机场发展历程

从发展时序和阶段性特征来看，我国通用机场的发展历程可分为以下三个阶段：

一是国民政府时期，当时已有军用机场和民用机场之分，但无运输机场和通用机场之分，仅有航空测量、航空摄影等通用航空作业飞行业务。

二是计划经济时期，20 世纪五六十年代是农林类通用机场建设的高峰时期，早在1952 年便已经拥有可供通用航空生产作业的机场或者起降点 40 个。

三是改革开放后的时期，这时的通用机场建设在三个不同的宏观发展时期呈现出不同的阶段性特征：

1985 年以前，我国实行计划经济和市场经济相结合的发展政策，这时期包产到户导致农业航空作业陷于停顿，农业航空机场建设停滞，但石油勘探类的工业航空作业及其配套的直升机机场建设开始兴起。至 1985 年，我国已经建设通用机场 60 个，起降点 300 个。

1986 年后，我国进入建立市场经济体制时期。这时期的农林航空作业发展相对缓慢，运输航空远快于通用航空，制约通用航空业发展的瓶颈因素始终未有根本好转，这使得通用机场和起降点的建设进展缓慢，长期维持原有的通用机场和起降点数量。

2011 年以来，在通用航空利好政策推动和市场积极培育的合力作用下，省、地、市三级地方政府发展通用航空的积极性被调动起来，我国的通用机场建设由此进入新一轮的快速发展时期。

二、中国通用机场的发展现状

近年来，我国通用机场建设呈现较快发展势头。根据中国民用航空局官网的统计数据，截至 2016 年 3 月 31 日，全国共有民航部门颁证通用机场及起降点 70 个，另外建成的通用机场已达到 300 个以上。

从民航部门颁证通用机场的省份分布来看，我国不少省份尚存在通用机场及临时起降点的空白，包括甘肃、青海、广西、湖南等地区；从四大经济板块来看，我国中西部地区颁证通用机场相对分布少，东北地区和东部地区分布较均衡；从民航地区管理局辖区来看，颁证通用机场分布数量最多的是华东地区，其次为中南地区和华北地区，西南地区、西北地区及新疆地区合计仅占全部颁证通用机场的 10%。

随着国务院颁布的《国务院关于促进民航业发展的若干意见》（2012 年 7 月 8 日发布）、总参谋部和中国民用航空局联合发布的《通用航空飞行任务审批与管理规定》（自 2013 年 12 月 1 日起施行），以及中国民用航空局、各民航地区管理局陆续出台的通用机场建设审批办法，近年来我国通用机场的规划建设已进入规范化、快速化的发展轨道，预计 2020 年我国建成的通用机场将达到 500 个。

三、中国通用机场的发展趋势

"十三五"期间，综合交通运输体系将逐步完善，强调各种交通运输方式的分工协作，进一步优化综合交通基础设施网络布局，合理配置综合运输信道资源，发挥民航业的比较优势，促进机场与其他交通方式的衔接，提升机场的运行效率和枢纽节点的中转效率，构建便捷高效的综合交通运输服务体系，推动综合交通一体化发展，满足民众不断提升的出行服务质量要求。

至 2020 年，中国民航运输客流量将达 14.7 亿人次，至 2025 年将达 20 亿人次，成为世界第一民航运输大国。随着规模的不断扩张，我国机场在空域资源、基础设施、人力资源等方面的制约将更加凸显。民航在确保持续安全和提升服务质量压力加剧的发展过程中，也将呈现出如下一系列趋势。

（一）航空运输市场结构不断优化

航空运输市场结构优化表现在空间分布和机场业务结构两个层面。从航空运输市场的区域空间结构来讲，近两年中西部地区机场业务量增速和占比均迅速提升，特别是西部地区，如昆明、成都、重庆、西安、乌鲁木齐等大型枢纽机场，成为推动我国民航业发展新的增长极。据统计，国际航空吞吐量自2012年起逐年递增，2016年增长达33.34%，远超国内旅客吞吐量9.35%的增速。

市场业务量构成方面，国际航线旅客和航空快递成为航空客货增长的重要推动力。以成渝昆为代表的二线城市机场因拥有庞大的城市人口规模、持续快速增长的社会经济发展水平、优越的区位条件、丰富的旅游资源和旺盛的出境旅游需求，加之各级政府，特别是地方政府对于开拓国际航线所制定的各种优惠政策导向，国际业务量增长迅速。迅速增长的二线城市国际航空业务将对我国航空运输格局和国际航空枢纽规划产生深远影响。这有利于改善我国目前北上广机场处于垄断地位的国际航空运输格局，有利于中西部地区更好地实施全面开放战略，融入全球大市场，实现本地区经济社会持续快速发展和产业结构优化升级。

（二）机场枢纽化趋势明显

枢纽化表现在空间布局和交通功能定位两个层面。空间布局层面表现为数量增多、空间布局扁平化，国际枢纽机场布局由原来的沿海、沿边向内陆地区全面推进，形成包括北京首都国际机场、上海浦东国际机场、广州白云国际机场、成都双流国际机场、深圳宝安国际机场、昆明长水国际机场、上海虹桥国际机场、西安咸阳国际机杨、重庆江北国际机场、杭州萧山国际机场十大国际航空枢纽机场，与国家新型城镇化规划的重点城市分布高度契合，形成更高水平的开放平台，更好地满足了打造世界级城市群的发展需求。功能枢纽化表现为以枢纽机场为核心，包含高速公路、高速铁路、城市轨道交通、城际轨道等多种方式的综合交通枢纽的趋势日益明显。

（三）融合发展渐成共识

融合表现为机场功能与周边城市和产业发展融合、机场与其他交通方式的融合、军民航融合、运输机场与通航机场的融合等不同层面。

枢纽机场逐渐从单一空中交通基础设施向综合客货运枢纽过渡，发展成为以机场枢纽为依托、融合多种交通方式和关联产业的经济中心，枢纽机场从交通综合体向"港、产、城"一体化航空都市（航空城）过渡的发展路径日益明显，机场地区正在成为新一轮全面深化改革开放和新型城镇化的新模式、新型工业化过程中的示范区。

支线运输机场和通航机场之间的界限正在逐步打破，实现两者融合发展、优势互补、共同构建更加完善的综合民用机场体系的趋势，逐渐显现。

（四）区域机场系统发展日渐成熟

国内区域机场系统出现两个转变。首先，"一市多场"机场系统日益增多。未来5~10年，我国北京、上海、成都、三亚、厦门等多个城市将建成两座及以上的大型民用运输机场，形成市域范围内的"一市多场"机场运行体系。

其次，协同运行机场群日渐成型。贯彻新型城镇化策略，建设京津冀、长三角、珠三角以及未来更多世界级城市群战略目标的实施，需要建设与之相适应的能力充裕、分工明确、便捷高效、绿色环保的区域机场体系（机场群）。

（五）机场分工专业化趋势初现

在货运领域，为适应航空物流发展需求，以货运功能为主的专业机场将开始出现，如顺丰鄂州专业货运机场（2016 年 4 月，国家民航局正式批复鄂州民用机场选址报告，标志着鄂州国际客货枢纽机场项目建设步入快轨道）。

在空运领域，低成本航空兴起对机场设施及服务流程标准等提出了新的要求。通用航空方面，部分大型机场将增设公务机专用通道、公务机停机位等保障设施以满足公务航空发展需要，也有中心城市规划建设专用公务/商务机场（南沙机场等）。

此外，通用航空开展短途运输也会对机场建设标准和运行规范及流程提出新的要求。

（六）新技术对机场发展的影响日益显现

首先，基于"互联网＋"的技术在机场应用得如火如荼。表现最明显的是自助值机、自助通关、网上购票、自助购物等设备应用日益广泛，这将导致机场值机柜台需求量减少，进而影响到未来航站楼的面积和服务标准。此外，机场基础信息以及保障资源信息、航空物流信息平台、机场移动服务平台都会推动机场整体变化。

其次，国产安全保障新技术应用日益广泛，比如鸟情预警系统、探鸟设备、机场跑道外来物（FOD）监测、国产特性材料跑道拦阻系统（EMAS）等国产安全保障新技术的应用。

再次，智慧机场理念逐步深入人心。基于云计算、大数据、物联网、移动应用等新技术架构的智慧机场理念在大型枢纽机场设计和运行中日益普及。虽然内容、涵盖范围、关联领域、服务对象不尽相同，但建立安全、便捷、人性化的出行环境，打造优良服务氛围，提高旅客出行体验的目的是明确的。

最后，绿色机场建设快速起步。"十二五"期间大型机场设计上都引入了绿色理念。如能耗标准、废气的监测及控制、新型 LED 光源灯具的使用、航站楼自然采光、光伏发电、热电联供等，航站楼的空调、灯光、扶梯、步道、捷运系统实现了节能控制，绿色机场建设已经实现了快速起步并日益成为主流。

我国的基本国情是人多地少、交通需求大、瞬时强度高，因此当土地、水等资源环境对机场发展的硬约束日益显著之际，机场发展既要满足民众的出行需求，又要始终坚持节能、环保和宜居等绿色要求，实现与自然环境和谐发展、持续发展。随着民航战略地位提升，国家和民众对民航运行效率和服务质量的要求也不断提高。与此同时，国家正积极推进生态文明建设、改善生态环境质量，实行能源消耗和建设用地的总量和强度双控行动，使节能环保压力进一步加大，民航各单位也在着力推进自主创新，提质增效。

第三节 机场的构成与功能

民航运输系统由以下四部分组成：飞机（机队）、机场、航路和客户，四者之间相互制约、相互影响、相互促进。机场则是它们的汇交点。飞机是运载工具，飞机性能的提高和载重的增加以及机队的扩大将为客户带来方便，推动运输业的发展，但也对机场提出了更高的要求。

机场是在地面或水面上划定的一块区域（包括相关的各种建筑物、设施和装置），是供飞机起飞、着陆、停放、加油、维修及组织飞行保障活动的场所。按服务对象区分，机场分为军用机场、民用机场和军民合用机场，民用机场包括商业性航空运输机场和通用航空机场。此外还有体育运动机场、飞机制造厂和科研单位所用的试飞机场以及培养驾驶员所用的学校机场。大型民航运输机场又称为"航空港"。

民航运输机场主要由飞行区、旅客航站区、货运区、机务维修设施、供油设施、空中交通管制设施、安全保卫设施、救援和消防设施、行政办公区、生活区、生产辅助设施、后勤保障设施、地面交通设施及机场空域等组成。

一、飞行区

飞行区包括地面设施和净空区两部分，供飞机起飞、着陆和滑行使用。其地面设施是机场的主体。

（一）升降带

升降带由跑道、停止道（如设置的话）、土质地区组成。

1. 跑道

跑道直接供飞机起飞滑跑和着陆滑跑使用。运输机在起飞时，必须先在跑道上进行起飞滑跑，边滑跑边加速，一直加速到机翼上的升力大于飞机的重量，运输机才能逐渐离开地面。运输机着陆时速度很快，必须在跑道上边滑跑边减速才能逐渐停下来。所以运输机对跑道的依赖性很大，如果没有跑道，地面上的运输机就上不了天，天上的运输机也到不了地面。因此，跑道是机场上最重要的建筑物。

我国民航运输机场的跑道通常用水泥混凝土筑成，少数用沥青混凝土筑成。

民航运输机场通常只设一条跑道，有的运输量大的机场设两条甚至更多的跑道。跑道按其作用可分为主要跑道、辅助跑道和起飞跑道等三种。主要跑道是指在条件许可时优先使用的跑道，按使用该机场最大机型的要求修建，长度较长，承载力也较高。辅助跑道也称次要跑道，是指因受侧风影响，飞机不能在主跑道上起飞、着陆时，供辅助起降用的跑道。由于飞机在辅助跑道上起降都有逆风影响，所以其长度比主跑道短些。起飞跑道是指仅供起飞用的跑道。

2. 跑道道肩

紧接跑道边缘要铺道肩，作为跑道和土质地面之间的过渡，以减少飞机一旦冲出或偏出跑道时被损坏的危险，也起减少雨水从邻接土质地面渗入跑道下面土基的作用，确保土基强度。

跑道道肩通常用水泥混凝土或沥青混凝土筑成。由于飞机不在道肩上滑行，所以道肩厚度比跑道薄一些。

3. 停止道

停止道设在跑道端部，供飞机中断起飞时在其上面安全停下。由于使用次数很少，所以停止道可以铺低级道面。

机场设置停止道可以减短跑道长度。但由于跑道两端都要设长度相同的停止道，使机场占地面积增大，因此在征地困难的地区，不宜设停止道。

4. 升降带土质地区

跑道两侧的升降带土质地区，主要是为了保证飞机在起飞着陆滑跑过程中一旦偏出跑道时的安全，不允许有危及飞行安全的障碍物。跑道两侧附近的土质地区应平整并压实，其纵横坡度应足以防止积水和符合无线电导航设施的技术要求。但纵横坡度不宜过大，以防止雨水冲蚀地面和确保飞机偏出跑道时的安全。

（二）跑道端安全地区

跑道端安全地区设在升降带两端，用来减少起飞、着陆的飞机偶尔冲出跑道以及提前接地时遭受损坏的危险。其地面必须平整、压实，并且不能有危及飞行安全的障碍物。

（三）净空道

当跑道长度较短，只能保证飞机起飞滑跑安全，而不能确保飞机完成初始爬升（10.7 米高）安全时，机场应设置净空道，以弥补跑道长度的不足。净空道设在跑道两端，其土地应由机场当局管理，以确保不会出现危及飞行安全的障碍物。

（四）滑行道

滑行道供飞机从飞行区的一部分通往其他部分用，主要有下列五种。

（1）进口滑行道：设在跑道端部，供飞机进入跑道起飞用。设在双向起飞着陆用的跑道端的进口滑行道，亦作为出口滑行道。

（2）旁通滑行道：设在跑道端附近，供起飞的飞机临时决定不起飞时，从进口滑行道迅速滑回用，也供跑道端进口滑行道堵塞时飞机进入跑道起飞用。

（3）出口滑行道：供着陆飞机脱离跑道用。交通量较大的机场，除了设在跑道两端的出口滑行道外，还应在跑道中部设置。设在跑道中部有直角出口滑行道和锐角出口滑行道两种。锐角出口滑行道亦称为快速出口滑行道。

（4）平行滑行道：平行跑道供飞机通往跑道两端用。在交通量很大的机场，通常设置两条平行滑行道，分别供飞机来往单向滑行使用，这两条平行滑行道合称为双平行滑行道。

（5）联络滑行道：交通量小的机场，通常只设一条从站坪直通跑道的短滑行道，这条滑行道称为联络滑行道。交通量大的机场，双平行滑行道之间设置垂直联结的短滑行道，也称为联络滑行道，供飞机从一条平行滑行道通往另一条平行滑行道用。

（五）机坪

飞行区的机坪主要有等待坪和掉头坪两种。等待坪供飞机等待起飞或让路而临时停放，通常设在跑道端附近的平行滑行道旁边。掉头坪供飞机掉头用，当飞行区不设平行滑行道时应在跑道端设掉头坪。

（六）净空区

净空区是指飞机起飞着陆涉及的范围，为了确保飞行安全，对该范围内的地形地物高度必须严格限制，不允许有危及飞行安全的障碍物。

二、旅客航站区

旅客航站区主要由航站楼、站坪及停车场所组成。

（一）航站楼

航站楼供旅客完成从地面到空中或从空中到地面转换交通方式用，是机场的主要建筑物，通常由下列五项设施组成。

（1）连接地面交通的设施：有上、下汽车的车道边（航站楼前供车辆减速滑入、短暂停靠、起动滑出和驶离车道的地段及适当的路缘）及公共汽车站等。

（2）办理各种手续的设施：有旅客办票、安排座位、托运行李的柜台以及安全检查和行李提取等设施。国际航线的航站楼还有海关、动植物检疫、卫生检疫、边防（移民）检查的柜台。

（3）连接飞行的设施：有靠近飞机机位的候机室或其他场所，视旅客登机方式而异的各种运送、登机设施，中转旅客办理手续、候机及活动场所等。

（4）机场管理区：航空公司营运和机场管理部门必要的办公室、设备等。

（5）服务设施：有餐厅、商店等。

航站楼的旅客都是按照到达和离港有目的地流动的，在设计航站楼时必须很好地安排旅客流通的方向和空间，这样才能充分利用空间，使旅客顺利地到达要去的地方，不致造成拥挤和混乱。

目前通用的安排方式是把出港（离去）和入港（到达）分别安置在上、下两层，上层为出港，下层为入港，这样互不干扰又可以互相联系。由于国内旅客和国际旅客所要办理的手续不同，通常把这两部分旅客分别安排在同一航站楼的两个区域，或者分别安排在两个航站楼内。

流程要考虑三部分旅客：国内旅客手续简单，占用航站楼的时间少，但流量较大，因而国内旅客候机区的候机面积较小而通道比较宽。国际旅客要办理护照、检疫等手续，行李也较多，在航站楼内停留的时间长，有时还要在免税店购物，因而国际旅客的候机区要相应扩大候机室的面积，而通道面积要求较小。中转旅客是等候衔接航班的旅客，一般不在楼外活动，所以要专门安排他们的流动路线，当国内转国际航班或国际转国内航班的旅客较多时流动路线比较复杂，如果流量较大，就应该适当考虑安排专门的流动线路。

航站楼中，不同类型旅客所经历的程序是有差异的。安检是由公安部门实施的对旅客及所携行李、物品的检查，防止将武器、凶器、弹药和易燃、易爆等危险品带上飞机，以确保飞机和乘客的安全。卫生检疫是对国际到达旅客及所携动物、植物进行检查，以防人的传染病或有害的动植物瘟疫、病菌等从境外带入，造成危害性传播。海关的职能是检查旅客所带物品，以确定哪些应该上税。出入境检查，由移民局或边防检查站负责执行，其主要职责是检查国际旅客出入境手续的合法性，其中最重要的内容是护照检查。

由于各国政府政策和控制力度的不同，不同国家机场要求旅客经历的程序和检查的严格程度也是有差异的。例如，欧洲大多数国家机场的海关，改善以后的检查过程几乎使人感觉不到强迫性。而在有些国家，机场海关检查是非常严格的。

旅客旅行目的不同和旅客类型的差异等因素，都会影响航站楼的流程设计和设施配置。例如，因公旅行的旅客，一般对航站楼设施程序及航班动态等了解得比较清楚，因此他们在航站楼内逗留的时间较短，而且很少有迎送者，所带行李亦较少。因私旅行（旅游、探亲）的旅客则恰恰相反。

在组织航站楼内的各种流程时，第一，要避免不同类型流程交叉、掺混和干扰，严格将进、出港旅客分隔；出港旅客在（海关、出境、安检等）检查后与送行者及未被检查旅客分隔；到港旅客在（检疫、入境、海关等）检查前与迎接者及已被检查旅客分隔；国际航班旅客与国内航班旅客分隔；旅客流程与行李流程分隔；安全区（隔离区）与非安全区分隔等，以确保对走私、贩毒、劫机等非法活动的控制。第二，流程要简捷、通顺、有连续性，并借助各种标志、指示力求做到"流程自明"。第三，在旅客流程中，尽可能避免转换楼层或变化地面标高。第四，在人流集中的地方或耗时较长的控制点，应考虑提供足够的工作面积和旅客排队等候空间，以免发生拥挤或受其他人流的干扰。

（二）站坪

设在航站楼前的机坪称为站坪或客机坪，供客机停放、上下旅客、完成起飞前的准备和到达后各项作业。

（三）停车场所

停车场所供停放车辆用，通常设在航站楼前。停放车辆不多时可采用停车场，停放车辆很多时宜用多层车库。

三、货运区

货运区供办理货物托运手续、装上飞机以及从飞机卸货、临时储存、交货等使用。

货运区主要由业务楼、货运库、装卸场及停车场组成，货机来往较多的机场还设有货机坪。

四、机务维修设施

多数机场对飞机只承担航线飞行维护工作，即对飞机在过站、过夜或飞行前进行例行检查、保养和排除简单故障。其规模较小，只设一些车间和车库。有些机场设停机坪，供停航时间较长或过夜的飞机停放用。有的机场还设有隔离坪，供专机或由于其他原因需要与正常活动场所相隔离的飞机停放使用。

少数机场承担飞机结构、发动机、设备及附件等的修理和翻修工作。其规模较大，设有飞机库、修机坪、各种车间、车库和航材库等。

五、供油设施

供油设施供储油和加油用。大型机场设有储油库。储油库储存大量油料，并有装卸和各种配套设施，是机场的主要油库。小型机场只设一个油库。小型机场通常用罐式加油车加油，大型机场通常使用机坪管线系统（加油井或加油栓）。

六、空中交通管制设施

在浩瀚无垠的天空中，飞机似乎可以不受约束地随意飞行，但事实并非如此。飞机在天上飞行也必须遵守空中交通规则，也要受到专门机构的指挥与调度，这就是空中交通管制（Air Traffic Control），也称航空管理和空中管制。

空中交通管制的概述为：①利用通信、导航技术和监控等专业手段对飞机飞行活动进行监视、控制与指挥，从而保证飞机飞行安全和使飞机按照一定线路秩序飞行。②将飞行航线的空域划分为不同的管理空域，包括航路、飞行情报管理区、进近管理区、塔台管理区、等待空域管理区等，并按管理区的范围与情况选择使用不同的雷达设备对飞机进行管制。③在管理空域内进行间隔划分，飞机间的水平和垂直方向间隔构成空中交通管理的基础。④由导航设备、雷达系统、二次雷达、通信设备、地面控制中心组成空中交通管理系统，完成监视、识别、引导覆盖区域内的飞机，保证其正常安全飞行。

七、安全保卫设施

民用航空运输事业的高速发展，对机场安全保卫工作提出了更高的要求，保卫航空运输安全的首要环节是强化地面安全，其基础是使机场安全保卫设施建设走向规范化和管理手段现代化。安全保卫设施主要有飞行区和站坪周边的围栏及巡逻道路。

八、救援和消防设施

我国民航事业快速发展，全国民用机场的规模不断扩大，国家对消防安全工作越来越重视，机场的消防安全工作也愈发重要。要保障消防安全，必须有完善的消防设施。建有完善的应急救护设施，才能最大程度地挽救生命，减轻伤害。以下根据国家规范和民航行业标准对民用运输机场的消防救援和应急救护设施的规定进行简要介绍。

民用运输机场须严格按照相关规范的要求，建设消防救援和应急救护设施，切实提升机场的消防保障和应急救护能力，提升机场的服务水平（航空公司在某一机场起降，它支付的起降服务费用与机场的消防保障等级存在对应关系）。

民用运输机场是公共基础设施，是为旅客出行提供服务的公共场所，也是消防安全重点场所，各地的民用机场都被列入当地的消防安全重点单位。民用机场消防安全保障工作是保障飞机和旅客生命财产安全的一项重要工作。

根据《中华人民共和国消防法》第三十九条的规定，民用机场应当建立专职消防队，承担本单位的火灾扑救工作。

在建设民用运输机场时，必须严格按照国家规范和民航行业标准的规定，建设消防救援和应急救护设施，做好消防设计工作。

《民用航空运输机场消防站消防装备配备》（MHI/T7002—2006）中提出："当机场消防站消防装备不能满足本标准的要求时，机场可参照《国际民用航空公约》附件14有关应答时间的要求，与其他消防机构通过协议等方式满足本标准要求"，这为支线机场的消防工作提供了新思路，有利于减少支线机场的资金压力。但是，机场距离城市一般具有一定距离，地方公安消防部队投入机场的消防救援需要一定时间，支线机场需要建设必需的消防设施，配备一定数量的专职消防队员，保证消防的第一时间出动，切实保证支线机场的消防安全。

九、行政办公区

行政办公区有机场管理区、紧急救援设施、航空公司运营办公室、签派室和贵宾接待室、政府机构办公区。

十、生活区

生活区供居住和各项生活活动用，主要有宿舍、食堂、诊所、俱乐部、商店、邮局、银行等。

十一、生产辅助设施

生产辅助设施主要有宾馆、航空食品公司等。

十二、后勤保障设施

后勤保障设施有场务队、车队、综合仓库及各种公用设施等。

十三、地面交通设施

机场是城市的交通中心之一，而且有严格的时间要求，因而从城市进出空港的通道是城市规划的一个重要部分，大型城市为了保证机场交通的通畅都修建了从市区到机场的专用高速公路，甚至还开通地铁和轻轨交通，方便旅客出行。在考虑航空货运时，要把机场到火车站和港口的路线同时考虑在内。此外，机场还须建有大面积的停车场以及相应的内部通道。

第四节　机场的分类

民用机场可按照在民航运输系统中的作用、机场航线业务范围、机场所在城市的地位及旅客出行的主要目的等分为不同类别。

一、按在民航运输系统中的作用划分

机场是航空运输系统网络的节点，按照其在该网络中的作用，可以分为以下几类。

（一）枢纽机场

枢纽机场（Airline hub）是指作为全国航空运输网络和国际航线的枢纽，运输业务特别繁忙的机场。旅客在此可以很方便地中转到其他机场。枢纽机场一般是指航空公司用来中转旅客至下一个目的地的中途经停点。这是一个轴辐路网理论（Hub and spoke model）的概念，航空公司航线多以枢纽机场为中心，向外联结各地。从各地来的人们在抵达枢纽机场后经地勤人员的指示即可转搭下一航班前往最终目的地。航空公司将许多相辅性较高的航线与枢纽机场中转的时段设在一起，如绝大多数港台航空公司由香港及台北前往北美的航班皆在深夜出发，以便亚洲区域航线在返抵枢纽、带回大批旅客后能为他们提供便捷的转乘服务，提高航空公司竞争力。相反地，北美返程的航班也多于清晨抵达亚洲，以便旅客转乘上午的航班。

几乎所有的航空公司皆把营运总部设于其枢纽机场所在的城市，甚至有些是

直接设在机场旁，如香港国泰航空公司的国泰城、中华航空的华航园区等。航空公司的枢纽机场不限定只有一个，也不限定只为客运或只为货运，情况各异。对许多的非美籍航空公司而言，用基地、主场来形容它们开出大多数航班的城市，或许比用枢纽机场来诠释更为贴切，主要是因为它们的航班多半是国际航班，而且多是由其所属地区最大的机场发出的，像香港国际机场之于国泰航空、奥克兰国际机场之于新西兰航空、成田国际机场之于日本航空以及樟宜国际机场之于新加坡航空等。

根据业务量的不同，可分为大、中、小型枢纽机场。根据民航局发布的《2015 年全国机场生产统计公报》，2015 年，我国境内民用航空（颁证）机场共有 210 个（不含香港、澳门和台湾地区），机场主要生产指标保持平稳增长，其中旅客吞吐量 91 477.3 万人次，比上年增长 10.0%。北京、上海和广州三大城市机场旅客吞吐量占全部机场旅客吞吐量的 27.3%。经济发展快速的华东地区，无论是机场旅客还是货邮吞吐量，占比皆居全国前列。

成熟的枢纽机场，通常拥有 30% 甚至更高比例的中转旅客，同时具备以下条件：①强大的网络型基地航空公司；②高效的地面保障系统；③快捷的中转流程；④科学合理的时刻资源分配；⑤有效的空域管理和发展能力；⑥快速有效的空地网络连接。例如美国大型枢纽机场的中转旅客百分比很大，亚特兰大哈兹菲尔德 - 杰克逊国际机场、芝加哥奥黑尔机场和达拉斯国际机场的中转旅客均超过 50%。

（二）干线机场

干线机场是指以国内航线为主，具有全方位跨省跨地区的国内航线，同时可能开辟少量的国际航线，运输业务量较为集中的机场，主要是一些省会机场，以及重要城市和旅游城市的机场。如厦门、青岛、大连、桂林等地的机场。

（三）支线机场

支线机场是指省内经济比较发达的中小城市和旅客城市，或经济欠发达且地面交通不便的地方机场。支线机场的业务量较少，航线多为本省航线或邻近省区支线。

二、按航线业务范围划分

民用机场按照其航线业务范围，通常分为以下几类。

（一）国际航线机场

国际机场是指供来自其他国家地区的班机着陆和起飞，拥有国际航线并设有海关、边防检查、检验检疫等联检机构的机场。

国外的国际航线机场，如美国亚特兰大国际机场、芝加哥国际机场、丹佛尔国际机场、韩国仁川国际机场，德国法兰克福国际机场等，国内的国际航线机场，如北京首都国际机场、上海浦东国际机场、广州白云国际机场等。

（二）国内航线机场

国内航线机场是指供国内航线使用的机场，主要是位于国内经济发达、人口密集的中小城市，或旅游城市，能与省会及中心城市等建立航线的机场。

（三）地区航线机场

地区航线机场是指供地区之间定期或不定期航班飞行使用，并设有相应的类似国际机场的联检机构的机场。如我国内地城市与港、澳、台地区来往航班的机场。在国外，地区航线机场通常是指为适应个别地区空管需求可提供短程国际航线的机场。

三、按机场所在城市的地位、性质划分

依照机场所在城市的地位、性质，并考虑机场在全国航空运输网络中的作用，可将机场划分为Ⅰ、Ⅱ、Ⅲ、Ⅳ类。

（一）Ⅰ类机场

Ⅰ类机场指全国政治、经济、文化中心城市的机场，是全国航空运输网络和国际航线的枢纽，运输业务量较大，除承担直达客货运输外，还具有中转功能。北京首都机场、上海虹桥机场、广州白云机场即属于此类机场。

（二）Ⅱ类机场

Ⅱ类机场指省会、自治区首府、直辖市或重要经济特区、开放城市或旅游城市，以及经济发达、人口密集城市的机场，拥有全方位跨省、跨地区的国内航线，是区域或省区内航空运输的枢纽，有的开辟少量国际航线。Ⅱ类机场也可称为国内干线机场。

（三）Ⅲ类机场

Ⅲ类机场指国内经济比较发达的中小城市，或一般的对外开放和旅游城市的机场，能与有关省区中心城市建立航线。Ⅲ类机场也可称为次干线机场。

（四）Ⅳ类机场

Ⅳ类机场主要是指业务量较小的一部分支线机场和直升机机场。

四、按旅客乘机目的划分

旅客的乘机目的不同不仅会影响机场的特性，而且会影响机场的各项设施。根据

大多数旅客的乘机目的，机场通常可分为三类。

（一）始发/终程机场

通常这类机场的始发和终程旅客占旅客总数比例较高，始发和终程的飞机占大多数。目前国内机场大多属于这类机场。

（二）经停（过境）机场

这类机场往往位于航线上的经停点，没有或很少有始发航班飞机，只有比例不大的始发/终程旅客，有相当数量的过境旅客，飞机一般停驻时间较短。

（三）中转（转机）机场

在这类机场中，有相当大比例的旅客乘飞机到达后，立即转乘其他航线的航班飞往目的地。

除以上四种划分标准外，从安全飞行角度出发，为预定着陆机场安排有备降机场。备降机场是指在飞行计划中事先规定，当预订着陆机场不宜着陆时，飞机可能着陆的机场。国内备降机场由中国民用航空事先确定，如太原机场、天津机场和大连机场均作为首都机场的备降机场。

第五节　机场的等级

为保障飞机能安全准时起降，便于给机场配备相匹配的技术设备设施及工作人员，确保机场服务资源满足服务需求，以更好地经营管理机场，发挥其最大社会效益和经济效益，通常要对机场进行等级划分。

目前，我国根据实际情况需要，主要以飞行区等级、跑道导航建设等级和机场消防救援等级这三种不同的方式来进行分级。

一、飞行区等级

根据国际民航组织的规定，飞行区等级由第一要素代码和第二要素代字的基准代号进行划分，用于确定跑道长度、宽度和所需道面强度，即确定了可以起降飞机的机型种类。表1-1中的"代码"对应的是飞机的基准飞行场地长度，即飞机起飞所需的最短跑道长度；"代字"对应的是飞机的翼展和飞机主起落架外轮外侧的间距两者中要求较高者。表1-2为常见机型所需飞行区等级举例。

北京首都国际机场的飞行区等级为4F级，可安全起降A380客机。与北京首都国际机场飞行区等级相同的机场还包括亚特兰大哈兹菲尔德-杰克逊国际机场、仁川国际机场、香港国际机场、上海浦东国际机场、广州白云国际机场等。

表 1 - 1　飞行区基准代号

第一要素（代码）		第二要素（代字）		
飞行区指标	基准飞行场地长度 LR（米）	飞行区指标	翼展 L（米）	主起落架外轮外侧间距 h（米）
1	LR < 800	A	L < 15	h < 4.5
2	800 ≤ LR < 1200	B	15 ≤ L < 24	4.5 ≤ h < 6
3	1200 ≤ LR < 1800	C	24 ≤ L < 36	6 ≤ h < 9
4	LR ≥ 1800	D	36 ≤ L < 52	9 ≤ h < 14
		E	52 ≤ L < 65	9 ≤ h < 14
		F	65 ≤ L < 80	14 ≤ h < 16

表 1 - 2　常见机型所需飞行区等级

所需飞行区等级	机型举例
4F	A380
4E	B747、B777、A340
4D	B757、B767、A300、A310、TU154、MD11、IL86
4C	B737、A320、MD82、MD90
3C	Y - 7、AN24

二、跑道导航设施等级

跑道导航设施等级按配置的导航设施能提供飞机以何种进近程序（指航空器根据目视观察或飞行仪表对障碍物保持规定的超障余度所进行的一系列预定的机动飞行。这种飞行程序是从规定的进近航路或起始进近定位点开始，到能够完成着陆的一点为止）飞行而划分。它反映了飞行安全和航班正常率保持设施的完善程度。

按照跑道导航设施的不同，跑道可分为非仪表跑道和仪表跑道。

非仪表跑道，指供飞机用目视进行进近程序飞行的跑道；仪表跑道，指供飞机用仪表进近程序飞行的跑道，仪表跑道又可分为非精密进近跑道和精密进近跑道，精密进近跑道又可分为Ⅰ类、Ⅱ类、Ⅲ类精密进近跑道，表 1 - 3 诠释了跑道导航设施等级的分类。

表 1 - 3　机场跑道导航设施等级分类

跑道等级	非仪表跑道（V）		
	仪表跑道	非精密进近跑道（NP）	
		精密进近跑道	Ⅰ类（CAT Ⅰ）
			Ⅱ类（CAT Ⅱ）
			Ⅲ类（CAT Ⅲ）

国内多数机场跑道仅为Ⅰ类精密进近跑道，北京首都国际机场是国内少数可为航空器提供Ⅱ类精密进近跑道的机场之一。北京首都国际机场拥有三条平行跑道，其中东跑道 01 方向、中跑道 36R 方向可进行Ⅱ类运行，东跑道 01 方向可升级为Ⅲ类运行。当气象台预报机场大雾天气时，机场周边能见度和云高将会下降，当能见度降至 800 米或跑道视程降至 550 米或云高降至 60 米时，Ⅰ类精密进近跑道的机场将会暂时关闭停止运行。北京首都国际机场的跑道导航设施等级，能够确保在大雾天气条件下，当云高低于 60 米不小于 30 米、跑道视程低于 550 米不小于 350 米时，航空器可安全着陆，当跑道视程不低于 200 米时，航空器可安全起飞。

但是大雾天气，由于国内大多数机场的跑道导航设施等级仅为Ⅰ类，不能为航空器提供起降服务；国内具备Ⅱ类飞行资质的飞行员有限；客观天气原因引起的"看不清"导致机场保障车辆行驶效率降低，航空器保障作业时间增长等原因，从而会出现①飞机可以在北京首都国际机场起飞，却不能在目的地机场降落；②机场可以提供安全、符合标准的起降服务，航空公司却没有足够的符合资质的飞行员来驾驶航空器等，最终导致航班延误，甚至是航班取消。

三、机场消防救援等级

机场消防救援勤务的主要目的是在飞机事故发生的情况下拯救人员的生命。

机场消防救援等级是根据机场运行的航空器的机身最大长度和最大宽度来进行划分的，对于不同类别的航空器提供不同的消防救援保障。具体分类如表 1-4 所示，分为 10 级，级别数越大，等级越高。

表 1-4　机场消防救援等级划分

机场级别	飞机机身全长（米）	最大机身宽度（米）
1	0~9（不包含 9）	2
2	9~12（不包含 12）	2
3	12~18（不包含 18）	3
4	18~24（不包含 24）	4
5	24~28（不包含 28）	4
6	28~39（不包含 39）	5
7	39~49（不包含 49）	5
8	49~61（不包含 61）	7
9	61~76（不包含 76）	7
10	76~90（不包含 90）	8

注：对使用该机场的飞机进行分类，首先评价其全长，其次是机身宽度。

空中客车 A380 型飞机机身全长 72.7 米，最大机身宽度 6.95 米，因而能够为空中客车 A380 型飞机提供起降服务的机场，应至少具备 9 级消防救援等级。北京首都国际机场东跑道（01/19）是具备 10 级消防救援等级的跑道，中跑道（36R/18R）的消防救援等级也达到了 9 级。首都机场配备有各类消防车 22 部，车载灭火药剂总重量 176.64 吨。顶升气囊、平台拖车、活动作业路面以及飞机牵引挂具等应急救援设备也一应俱全，能够满足目前通航首都机场所有类型航空器的应急救援需要，并可对 A380 机型及以下机型实施安全、高效的残损航空器救援搬移。

第六节　国内外主要机场概况

本节列举了美国亚特兰大哈兹菲尔德－杰克逊国际机场、英国伦敦希斯罗国际机场、法国巴黎戴高乐国际机场、韩国仁川国际机场、新加坡樟宜国际机场、中国香港国际机场、上海浦东国际机场、上海虹桥国际机场、广州白云国际机场九个国内外具有代表性的机场。以下为国内外主要机场的基本情况和主要特点。

一、国际及地区主要机场概况

（一）美国亚特兰大哈兹菲尔德－杰克逊国际机场

美国亚特兰大哈兹菲尔德－杰克逊国际机场（英文全称：Hartsfield－Jackson Atanta International Airport；IATA 代码：ATL；ICAO 代码：KATL），简称亚特兰大机场或杰克逊机场，位于美国佐治亚州亚特兰大市，在市中心向南约 11 千米处。该机场主要特点：①是一座 24 小时运行的机场，是世界主要航空公司的重要中转枢纽；②旅客可由此机场飞向超过 45 个国家、243 个目的地（含美国）；③客运量和航班数量两项指标位列全球第一，为全世界最繁忙的机场；④主要基地航空公司为达美航空、穿越航空和大西洋东南航空等。

（二）希斯罗国际机场

英国伦敦希斯罗国际机场（英文全称：London Heathrow International Airport；IATA 代码：LHR；ICAO 代码：EGLL），通常简称为希斯罗机场，位于英国英格兰大伦敦希灵登区，距离伦敦市中心 24 千米。该机场主要特点：①由英国机场管理公司（BAA）负责营运，为伦敦最主要的门户机场，也是全英国乃至全世界最繁忙的机场之一；②机场共有五座航站楼及一座货运大楼，为全球超过 90 家航空公司所用，可飞抵全球 170 余个机场，年旅客吞吐量超过 6 000 万人次，其中 90% 左右为国际旅客；③是英国航空和维珍航空的枢纽机场以及英伦航空的基地机场。

（三）法国巴黎戴高乐国际机场

法国巴黎戴高乐国际机场（英文全称：Aéroport international Charles de Gaulle；IA-

TA 代码：CDG；ICAO 代码：LFPG），也被称为鲁瓦西机场（Roissy），坐落于巴黎，是欧洲主要的航空中心，也是法国主要的国际机场，位于巴黎东北 25 千米处的鲁瓦西。该机场主要特点：①以法国将军、前总统戴高乐（1890—1970 年）的名字命名；②机场拥有三个航站大楼（Terminal1、Terminal2、Terminal3）；③二号航站楼专为法国航空公司建造，但现在同时供其他航空公司使用，由六个截然不同的大厅组成，用 A～F 分别命名，在其他机场，这些大厅已经可以称之为航站楼，因此，戴高乐国际机场确切地说一共有八个航站楼，这八个航站楼在机票上清晰地标注着：T1、T2A、T2B、T2C、T2D、T2E、T2F、T3。

（四）韩国仁川国际机场

韩国仁川国际机场（英文全称：Incheon International Airport；IATA 代码：ICN；ICAO 代码：RKSI），是韩国最大的民用机场，位于韩国仁川市西侧永宗岛（Yeongjong Island）上，属仁川广城市的行政范围内，故取名"仁川国际机场"。该机场主要特点：①是韩国国际客运及货运的航空枢纽，是亚洲最繁忙的国际机场之一；②自然条件优越，绿化率 30% 以上，环境优美舒适，整体设计、规划和工程都本着环保的宗旨，亦被誉为"绿色机场"；③根据国际机场协会（ACI）2006 年至 2012 年的调查，该机场连续七年位列"全球服务最佳机场"第一名。

（五）新加坡樟宜国际机场

新加坡樟宜国际机场（英文全称：Singapore Changi Airport；IATA 代码：SIN；ICAO 代码：WSSS），是一座位于新加坡樟宜的国际机场，占地 13 平方千米，距离市区 17.2 千米，是新加坡主要的民用机场，也是亚洲重要的航空枢纽。该机场主要特点：①由新加坡民航局营运，是新加坡航空、新加坡航空货运、捷达航空货运、欣丰虎航、胜安航空、捷星亚洲航空和惠旅航空的主要运营基地；②每周至少有 80 多家航空公司来往，提供超过 4 340 个航班，连接超过 59 个国家的 116 个城市；③自 1981 年启用以来，樟宜国际机场以其优质服务享誉航空界，在 1987 年至 2010 年间共赢取超过 300 个奖项，其中在 2007 年赢得 19 个最佳机场奖项。

二、国内主要机场概况

（一）北京首都国际机场

北京首都国际机场（IATA 代码：PEK；ICAO 代码：ZBAA），简称首都机场或北京机场，位于北京市区东北方向，地处北京市顺义区境内，距离天安门广场 25.35 千米。首都机场始建于 1958 年，是中华人民共和国和北京联外的主要国际机场，是目前中国最繁忙的民用机场，也是中国国际航空股份有限公司的基地机场。

（二） 香港国际机场

香港国际机场（英文全称：Hong Kong International Airport；lATA 代码：HKG；ICAO 代码：VHHH），是现时香港唯一运作的民航机场，位于新界大屿山以北的赤鱲角，因此也称为赤鱲角机场（Chek Lap Kok Airpor），但为非正式用法。该机场主要特点：①由香港机场管理局负责管理及运作；②是国泰航空、港龙航空、香港航空、香港快运航空、华民航空及甘泉航空的基地机场；③被 Skytrax 评为五星级机场，并在 2001 年至 2010 年七度被评为全球最佳机场；④在 2006、2007、2008 及 2010 年四度被知名商务旅游杂志《商旅》评为中国最佳机场，并在第二十一届 TTG 旅游大奖选举中获选为最佳机场，以及在年客运量逾 4 000 万人次的机场类别中，被国际机场协会推选为全球最佳机场。

（三） 上海浦东国际机场

上海浦东国际机场（IATA 代码：PVG；ICAO 代码：ZSPD），位于中国上海市浦东新区的江镇、施湾、祝桥滨海地带，占地面积为 40 平方千米，距市中心约 30 千米。该机场主要特点：①是国内三大国际机场之一，与北京首都国际机场、广州白云国际机场并称国内三大国际航空港；②日均起降航班达 800 架次左右，航班量已占到整个上海机场的六成左右，其中货邮吞吐量全国第一；③通航浦东机场的中外航空公司已达 60 家左右，航线覆盖 90 多个国际（地区）城市、60 多个国内城市。

（四） 上海虹桥国际机场

上海虹桥国际机场（IATA 代码：SHA；ICAO 代码：ZSSS），位于上海市西郊，占地面积为 26.4 平方千米（扩建前），距离市中心约 13 千米。该机场主要特点：①拥有跑道和滑行道各一条，跑道长 3 400 米、宽 57.6 米（4E 级），停机坪达 51 万平方米，停机位 66 个；②自 1996 年以来，屡获中国民航业组织的"旅客话民航"活动（旅客吞吐量 800 万人次以上机场组）第一名；③2011 年，虹桥国际机场被 Skytrax 评为四星级机场。

（五） 广州白云国际机场

广州白云国际机场（IATA 代码：CAN；ICAO 代码：ZGGG），是中国广东省省会广州市的一座大型民用机场，于 2004 年 8 月 5 日正式启用，地处白云区人和镇和花都区新华街道、花山镇、花东镇交界处，距离市中心约 28 千米。该机场主要特点：①国内三大航空枢纽机场之一，在中国民用机场布局中具有举足轻重的地位；②是中国南方航空的基地机场，海南航空、联邦快递、深圳航空的枢纽机场；③目前已与 30 余家航空公司建立了业务往来，已开通国内外定期航线 120 余条，通达国内外 100 多个城市。

第二章   机场的构成及功能

学习目标

了解机场总体的构成及功能
了解候机楼区域的构成及功能
了解飞行区域的构成及功能
了解地面运输区域的构成及功能

机场作为商业运输的基地，可以划分为候机楼、飞行区和地面运输区三大部分。候机楼是乘客登机的区域，飞行区是飞机运输的区域，地面运输是车辆和乘客活动的区域。

第一节   候机楼区的构成及功能

候机楼区包括候机楼建筑本身以及候机楼外的登机坪和乘客出入车道，它是地面交通和空中交通的结合部，是机场对乘客服务的中心区域。

一、登机机坪

登机机坪是指乘客从候机楼上飞机时飞机停放的机坪，这个机坪要尽量减少乘客步行上机的距离（图2-1）。按照乘客流量的不同，登机机坪的布局可以有以下几种形式：

图2-1　登机机坪

（1）单线式：这种形式是最简单的，即飞机停靠在候机楼墙外，沿候机楼一线排开，乘客出了登机门直接上飞机。它的好处是简单、方便，但只能处理少量飞机上下乘客，一旦交通流量很大，有些飞机就无法停靠到位，造成延误。多数小型机场采用这种布局。

（2）走廊式：由候机楼伸出走廊，飞机停靠在走廊两旁，这样可以停放多架飞机，是目前民航机场中使用比较多的一种形式，走廊上通常铺设活动的人行道，减少乘客的步行距离。走廊式的登机坪，乘客到最末端的登机门用的时间比起始端的要长。

（3）卫星厅式：在候机楼外一定距离设立一个或几个卫星厅，飞机沿卫星厅停入，卫星厅和候机楼之间有活动人行通道或定期来往车辆连通，它比走廊式优越的地方是厅内可以有很多航班，各航班乘客登机时的路程和所花时间大体一致，乘客在厅内可以得到较多的航班信息。卫星厅的缺点是该建筑建成后不易进一步扩展。

（4）车辆运输式：也叫远距离登机坪，飞机停放在离候机楼较远的地方，登机乘客由特制的摆渡车送到飞机旁。这种方式的优点是大大减少了建筑费用，并有着不受限制的扩展余地。但它的缺点是增加了机坪上运行的车辆，也增加了机场上的服务工作人员，同时乘客登机的时间也相应增加，增加了乘客上、下摆渡车的次数，同时，受下大雨和刮风等外界天气的影响也更大。

以上各种形式的登机坪，除远距离登机坪外，在登机的停机位置都需要一定的设施帮助驾驶员把飞机停放在准确的位置，使登机桥和机门连接。登机桥是一个活动的走廊，它是可以伸缩的，并且有液压机构调整高度，以适应不同的机型，当飞机停稳后，登机桥和机门连接，乘客可以通过登机桥直接由候机楼进出飞机。

二、候机楼

通常情况下，机场候机楼（图2-2）往往是一个城市或国家的门户，也是这个国家或城市的象征，它代表着一种威严，因而候机楼的建筑除考虑功能和实用之外，还必须雄伟壮观，体现出国家的气势、现代化的意识以及地方文化特色和区域特征，同时也要考虑到使用的便利、安全。候机楼的组成并不复杂，一般情况下，候机楼可以分为两大功能区，即乘客服务区域和管理服务区域。

（一）乘客服务区域

乘客服务区域包括：①办理机票行李手续的柜台；②安检；③海关；④检疫的通道和入口；⑤登机前的候机厅；⑥行李提取处；⑦乘客信息服务设施，包括问讯处、显示牌、广播通知系统、电视系统等；⑧乘客饮食区域，包括供水处、饭店、厨房等；⑨公共服务区，包括邮电局、行李寄存处、失物招领处、卫生间、医疗设施等；⑩商业服务区，包括各种商店、银行、免税店、旅游服务处、租车柜台等。

图2-2　候机楼

（二）管理服务区域

管理服务区域包括：①机场管理区，包括机场行政办公室、后勤的办公和工作场所；②紧急救援设施，包括消防、救援的工作人员和设备的场地等；③航空公司运营区，包括运营办公室、签派室和贵宾接待室等；④政府机构办公区，包括民航主管当局、卫生部门、海关、环保、边防检查部门的办公区域。

三、乘机流程

候机楼内的乘客都是按照到达和离港有目的地流动的，在设计候机楼时必须很好地安排乘客流动的方向和空间，才能充分利用空间，使乘客顺利地到达目的地，不致造成拥挤和混乱。

目前，通用的安排方式是把出港和入港分别安置在上、下两层，上层为出港，下层为入港，既互不干扰又可以互相联系。

乘客流程设计要考虑三种类型的乘客：第一种是国内乘客，他们乘机手续简单，占用候机楼的时间少，但人流量较大，因而国内乘客候机区的候机面积小，而通道比较宽。第二种是国际乘客，他们要办理护照、检疫等手续，行李比较多，在候机楼内停留的时间长，同时还要在免税店购物，因而国际乘客的候机区要相应扩大候机室的面积，而通道面积要求较小。第三种是中转乘客，他们是等候衔接航班的乘客，一般不到候机楼外活动，所以要专门安排他们的流动路线，当国内转国际航班或国际转国内航班的乘客较多时，流动路线比较复杂，如果人流量较大，机场当局就应该适当考虑安排专门的流动线路。

在中国各机场乘坐民航飞机的流程大致相同，在此以正常情况下在机场乘坐国内航班为例，对从购票、进入候机楼开始直至抵达目的地的整个乘机流程及其中的注意事项做一个综合性介绍。

（一）购买机票

乘客购买机票时，应出示中国政府主管部门规定的证明其身份的有效证件，购买儿童票、婴儿票，需要提供出生年月日的有效证明。重病乘客购票，应持有医疗单位出具的适于乘机的证明、经航空公司同意后方可购票。

未满两岁的婴儿按适用成人票价 10% 的价格购买婴儿票，不提供座位。如需要单独占用座位时，应购买儿童票。每一成人乘客携带婴儿超过一名时，超过人数应购买儿童票。

已满两周岁未满 12 周岁的儿童按适用成人票价的 50% 付费购买儿童票，提供座位。

乘客购买机票注意事项与提示如下：①乘客要主动出示身份证件。②购票方和售票方应主动留下联系方式。③认真核对机票上的各项信息。④保管好机票。⑤主动了解所选择的航班到达目的地的时间。

（二）办理登机手续

办理登机手续主要是确认机票有效、换取登机牌和托运行李。如是国际出发，先办理海关检查。乘客要注意航班规定离站时间前 40 分钟左右停止办理乘机手续，这是乘机与乘坐其他交通工具最大的区别。登机牌上一般会注明个人姓名、航班号、登机口、航班登机及起飞时间、分配的座位号等资料。

持成人或儿童票的乘客，每人免费托运行李的限额为：头等舱 40 公斤、公务舱 30 公斤、经济舱 20 公斤；婴儿票乘客可免费托运行李 10 公斤。

行李声明价值：乘客的托运行李，每公斤价值超过 50 元时，可以办理行李声明价值，航空公司收取声明价值附加费。声明价值不能超过行李自身的实际价值。每位乘客的行李声明价值最高为 8 000 元。已办理行李声明的行李丢失时，按照声明价值赔偿，行李的声明价值高于实际价值时，按照实际价值赔偿。

乘客办理登机手续注意事项与提示如下：①确认在航班规定离站时间前 30 分钟或 40 分钟办理相关手续（部分机场开展晚到乘客服务）。②保管好登机牌，勿自行撕下登机联，它是乘客最后登机的唯一凭证。③托运过多行李要缴纳相当昂贵的逾重行李费用，超重每公斤按照经济舱全价票的 1.5% 计算，金额以元为单位。④千万不要替别人托运行李、携带行李，即使他是乘客的朋友或者和乘客一起坐飞机。如确实要帮随行朋友携带行李，建议了解具体物品的情况。替别人托运行李、携带行李对乘客及其他旅客来说是不安全的行为。⑤勿托运贵重物品，若发生丢失或者损毁，民航赔偿额是很低的。⑥保证将托运行李包装完善、锁扣完好、捆扎牢固，并能承受一定压力，内无易碎物品。⑦如托运行李，保管好提货凭证，一般由工作人员将行李凭证贴在机票上。

（三）安全检查

安全检查主要是检验乘客的身份证件、机票，对乘客个人及其随身携带的行李进行检查，确保安全。国际出发先办理边防检查，地点在安检通道。

按照规定，随身携带物品的重量，每位乘客以 5 公斤为限。每件随身携带物品的体积均不得超过 20 厘米×40 厘米×55 厘米。超过上述重量、件数或者体积限制的随身携带物品，应作为托运行李托运。安检人员有权拒绝乘客携带过多行李登机。

乘客安全检查注意事项与提示如下：①由于受美国"9·11事件"的影响及各种非安定因素的存在，我国国内加大了安全检查力度，乘客应尽量配合，航班机组成员也要和乘客一样接受标准的严格检查后，才能登上飞机执行航班飞行任务。②乘客切勿携带任何刀具登机，包括指甲剪等。③行李将比以往接受更多次的开箱/包检查，乘客应积极配合。同时千万不要和安检人员、其他乘客、朋友开关于安全方面的玩笑，乘客无法想象这样做带来的严重后果，最轻的处罚是因此而取消登机资格。④安全检查过程中乘客最容易遗漏东西。乘客经过安全检查后，要清点随身物品。⑤乘客通过安全检查后，要确认安检人员在登机牌上加盖安检章，如果安检人员失误，漏盖或印章不清，乘客可能在最后登机时遇到麻烦。

（四）等待登机

乘客应前往登机牌标明的指定候机位置（图 2-3）等待登机。登机时只检查乘客的登机牌，工作人员将确认乘客登机牌已加盖安检章，并正确乘坐航班。

图 2-3 登机口

乘客等候登机注意事项与提示如下：①乘客要注意收听所乘坐航班的登机时间和起飞时间，登机时间一般比起飞时间提前 25 分钟，起飞时间一过，登机资格将被取消。②候机位置可能随时变更，乘客应及时关注相关变化。尤其是到了预计登机时间，注意收听机场广播，如果没有听到相关信息，请尽快与工作人员联系。

（五）登机、飞行过程

飞机的飞行过程是指从飞机为开始起飞而关闭舱门时刻起，至飞机结束飞行后而打开舱门时刻止的所有时段。随身行李可以放在头顶上方的行李架上，较重物品可以放在座位下面，但不要把东西放在安全门或出入通道上。

乘客登机、飞行过程注意事项与提示如下：①尽量提前登机，不要一直拖到起飞时间才登机。②飞机上请勿使用手机，尤其是飞机起降阶段。③乘客在飞行过程中，在座位上时要系好安全带。目前的航空技术水平还无法探测到晴空乱流，这种乱流很少见，但是遇到一次，其颠簸与伤害程度就会让人永生难忘。④乘客按照登机牌确定的位置就座，尤其是当乘客乘坐的是小型飞机时。这与飞机的载重平衡有关，所以也关系到安全，不能像汽车、火车上那样随便坐。⑤不要随意触动飞机紧急出口等安全设施，如在空中发生此种行为，必将机毁人亡。⑥不要将飞机上的救生衣等设备带走，目前国内各航班公司均会在客舱出口安装探测设备，乘客如私自偷拿救生衣，需要接受相应的处罚。⑦如果需要改变行程，或飞机经停某机场但乘客的目的地未到，乘客千万不要不辞而别，这将严重影响航班运作。

（六）到达、离机

乘客乘坐的航班安全抵达目的地机场后，应听从乘务人员安排尽快离开飞机，到达候机楼的行李提取处领取托运行李。

乘客到达、离机注意事项与提示如下：①乘客离机时要注意清点随身携带的物品，不要有所遗漏，如已离开飞机后发现遗漏，要尽快与机场工作人员联系，只要遗漏的东西不被误认为垃圾扔掉，或被同机乘客顺手带走，民航工作人员会妥善保管，找回物品一般没有问题。②乘客如有托运行李，要准备好托运行李的凭证，以备可能的检验。

第二节　飞行区的构成及功能

机场飞行区是主要用于飞机的起飞、着陆和滑行的区域，它分空中部分和地面部分。空中部分是指机场的空域，包括飞机进入和离开的航路。地面部分包括跑道、滑行道、停机坪和登机门，以及一些为飞机维修和空中交通管理服务的设施和场地，如机库、塔台、救援中心等。

一、跑道

（一）机场跑道决定飞行区等级

跑道是机场的主体工程，是指陆地机场里整备出来供飞机着陆和起飞的一块划定的长方形区域。跑道的数量取决于该机场航空运输量的大小。跑道的方位、方向主要与当地的常年风向有关。

跑道必须具有足够的长度、宽度、强度、粗糙度、平整度以及规定的坡度。跑道的性能及相应的设施决定了什么等级的飞机可以使用这个机场，机场按照这种能力的分类，称为飞行区等级。飞行区等级用文字和字母组成的编码来表示，见表 2－1。第一部分是数字，表示飞机性能相应的跑道性能和障碍物的限制；第二部分是字母，表示飞机的尺寸所需的跑道和滑行道的宽度。对跑道来说，飞行区等级的第一位数字表示所需要的飞行场地长度，第二位字母表示相应飞机的最大翼展和最大轮距宽度。

表 2 - 1　机场飞行区等级表

第一位 数字		第二位 字母		
数 字	飞行场地长度（米）	字母	翼展（米）	轮距（米）
1	<800	A	<15	<4.5
2	800～1 200	B	15～24	4.5～6
3	1 200～1 800	C	24～36	6～9
4	1 800 以上	D	36～52	9～14
		E	52～65	9～14
		F	65～80	14～16

（二）跑道的基本参数

1. 主跑道的方向和跑道号

机场主跑道的方向一般和当地的主导风向一致，跑道号按照跑道中心线的磁方向以 10°为单位，四舍五入用两位数表示。如磁方向为 267°的跑道的跑道号为 27，跑道号以大号字标在跑道的进近端。这条跑道的另一端的方向是 87°（267° - 180°），跑道号为 09（27 - 18），因此一条跑道的两个方向有两个编号。如果机场有两条跑道，则用左（L）跑道和右（R）跑道表示。

2. 跑道的基本尺寸

跑道的基本尺寸是指跑道的长度、宽度和坡度。跑道的长度取决于所能允许使用的最大飞机的起降距离、海拔高度及温度，它的长短是机场规模大小的重要标志。海拔高度高、空气稀薄、地面温度高等因素，会使飞机发动机功率下降，因而都需要加长跑道。

3. 跑道的道面和强度

跑道的道面分为刚性道面和非刚性道面。刚性道面是由混凝土筑成，能把飞机的载荷承担在较大面积上，承载能力强，一般中型以上机场都使用刚性道面。非刚性道面有草坪、碎石、土质、沥青等各类道面，这类道面只能抗压不能抗弯，因而承载能力小，只能用于供中小型飞机起降的机场。

跑道的道面要求有一定的摩擦力，为此要在混凝土道面上开出 6 厘米左右的槽，并且定期打磨，以保证在跑道积水时飞机不会打滑。另一种方法是在道面上铺一层多孔摩擦系数高的沥青，以增加摩擦力。

4 跑道的附属区域

跑道的附属区包括跑道道肩、跑道安全带和净空道三部分。

跑道道肩是在跑道纵向侧边和相接的土地之间设置的一段隔离的地段，作用是在飞机因侧风偏离跑道中心线时，不致引起损害。同时因大型飞机很多采用翼吊布局的发动机，外侧的发动机在飞机运动时有可能伸出跑道，这时发动机的喷气会吹起地面上的泥土或沙石，容易使发动机受损，如果有道肩，就会减少这类事故的发生。另外有的机场在道肩之外还要放置水泥制成的防灼块，防止发动机的喷气气流冲击土壤。

跑道安全带是指在跑道的四周划出的一定区域，目的是保障飞机在意外情况下冲出跑道时的安全，它分为侧安全带和道端安全带两部分。侧安全带是由跑道中心线向外延伸一定距离的区域，大型机场要求这个距离为150米，在这个区域内地面必须平坦，而且不得有任何障碍物。道端安全带是由跑道端向外延伸至少60米的区域，它的作用是减少飞机起降时冲出跑道的危险。

净空道是指跑道端之外的地面和向上延伸的空域，宽度为150米，在跑道中心延长线两侧对称分布，在这个区域内除了跑道灯之外不能有任何障碍物，但对地面没有要求，可以是地面，也可以是水面。

二、滑行道

滑行道的作用是连接飞行区各个部分的飞机运行通路，它从机坪开始连接跑道两端。在交通繁忙的跑道中段设有一个或几个跑道出口和滑行道相连，以便降落的飞机迅速地离开跑道。

滑行道的宽度由使用机场最大的飞机的轮距宽度决定，要保证飞机在滑行道中心线上滑行时，它的主起落轮胎的外侧距滑行道边线不少于1.5~4.5米。在滑行道转弯处，它的宽度要根据飞机的性能适当加宽。

滑行道的强度要和配套使用的跑道强度相等或者更高，因为在滑行道上飞机运行密度通常要高于跑道，飞机的总重量和低速运动时的压强也会比跑道所承受的略高。

滑行道在和跑道端的接口附近有等待区，地面上有标志线标出，这个区域是为了飞机在进入跑道前等待许可指令。等待区与跑道端线保持一定的距离，以防止等待飞机的任何部分进入跑道而成为起飞飞机运行的障碍物或产生无线电干扰。

三、机坪

机坪是飞机停放和乘客登机、下机的地方，可以分为登机机坪和停放机坪。飞机在登机机坪进行装卸货物、加油、上下乘客等，在停放机坪过夜、维修和长时间停放。停机坪上设有供飞机停放而划定的位置，简称机位。停机坪的面积要足够大，以保证进行上述活动的车辆和人员的行动。按照管理规定，停机坪上要用油漆标出运行线，使飞机按照标出的线路进出滑行道，保证不影响机场交通。

四、机场导航设施

机场导航设施也称为终端导航设施，其作用是引导到达机场附近的每架飞机安全、准确地进近和着陆。进近和着陆阶段是飞行事故发生最多的阶段，因而机场导航设施、地面灯光系统、机场跑道标志等组成一个完整系统，是机场的重要组成部分，保证飞机的安全着陆。

　　机场导航设备分为非精密进近设备和精密进近设备。非精密进近设备通常是指装置在机场的 VOR – DME（Very High – Frequency Omnidirectional Range – Distance Measuring Equipment）台、NDB（Non – Directional Beacon）台及机场监控雷达，作为导航系统的一部分，它们把飞机引导至跑道平面，但不能提供在高度方向上的引导。精密进近设备能给出准确的水平引导和垂直引导，使飞机穿过云层，在较低的能见度和云底高的情况下，准确地降落在跑道上。目前使用最为广泛的精密进近系统是仪表着陆系统，部分使用精密进近雷达系统。正在发展并将最终取代仪表着陆系统的是卫星导航着陆系统。

五、机场地面灯光系统

　　夜间飞行的飞机在机场进近降落，不论是在仪表飞行规则还是在目视飞行规则下都需要地面灯光系统助航。

（一）跑道灯光

　　跑道侧灯沿跑道两侧成排安装，为白色灯光，通常装在一定高度的金属柱上，以防止被杂草遮盖。灯上盖有透镜，以使灯光沿跑道平面照射，当距离跑道端 600 米时，透镜的颜色变为一面红色一面白色，红色灯光提醒驾驶员已经接近跑道端。跑道端灯的情况与跑道侧灯相同，但使用一面红色一面绿色的透镜，红色朝向跑道，绿色向外，驾驶员着陆时看到近处的跑道端是绿色的灯光，远处的跑道端是红色灯光。

　　跑道中心灯沿跑道中心安置，间隔为 22 米一个，跑道中间部分为白色，在距跑道端 300 米之内，灯光为红色，提醒驾驶员跑道即将终结。中心灯使用强光灯泡，并嵌入跑道表面，上面覆盖耐冲击的透明罩，能抵抗机轮的压力。

　　接地区灯从跑道开始在跑道上延伸 750 米，白色灯光，嵌入地面，提醒驾驶员注意这是着陆的关键地区，飞机应该在此区域内接地。为帮助驾驶员找到跑道出口，在滑行道的出口有滑行道灯，使用绿色灯光，间隔为 15 米，滑行道的中心灯为绿色，边灯为蓝色。

（二）仪表进近灯光

　　飞机在进近的最后阶段，一般都要由仪表飞行转为目视飞行，这时驾驶员处于高负荷的工作状态。夜航的驾驶员使用进近灯光来确定距离和坡度，从而做出决断。

　　进近灯光根据仪表着陆的等级或非仪表着陆有着不同布局，非仪表着陆的进近灯安装在跑道中线的延长线上，长度至少为 420 米，间距为 30 米，为白色灯光。

（三）目视坡度进近指示器

　　目视坡度进近指示器装在跑道外着陆区附近，由两排灯组成。两排灯组相距一段距离，每排灯前装有上红下白的滤光片，经其座前方挡板的狭缝发出两束光，它置于跑道端沿着着陆坡度发射。如果飞机的下降坡度正确，驾驶员看到的是上红下白的灯光；如果驾驶员看到的是全白光，表明飞机飞得太高，要向下调整；如果看到的全部是红光，表明飞机飞得太低，要向上调整。

六、机场的进近区

机场要保证在飞机起降的低高度，地面不能有障碍物妨碍导航和飞行，因而要划定一个区域，其地面和空域要按照一定标准来控制，并把有关的地形情况标注在航图上，这个区域称为进近区或净空区。它的地面区域称为基本区面，空中区域则是在跑道周围 60 米的地面上空由障碍物限制面构成，障碍物限制面有以下几种：①水平面，是机场标高 45 米以上的一个平面空域。②进近面，是跑道端基本面沿跑道延长线向外、向上延长的平面。③锥形面，在水平面边缘 1:20 的斜度向上延伸的平面。④过渡面，在基本面和进近面外侧以 1:7 的斜度向上、向外延伸。

由这些平面构成的空间，是飞机起降时使用的空间，由机场当局负责控制管理，保证地面的建筑不能伸入这个区域。另外，空中的其他飞行物也不得妨碍飞机的正常运行。

七、飞行区内的其他设备

飞行区的其他设施包括以下几种。

（1）测量基准点。测量基准点是指机场的地理位置基准点，由国家测绘机构定出准确的地理经度和纬度。

（2）标高校核位置。标高校核位置是指机场的标高，亦是它的海拔高度。由于飞机在起飞前都要进行高度表设定，因此一个机场要设置一个专门位置，为飞机在起飞前校核高度，这个位置在停机坪的一个指定位置，在停机坪高度变化不大时，这个机坪都是校核位置。

（3）航行管理服务的设施。这类设施通常指在飞行区的航管中心和塔台、气象服务中心等。

（4）地面维护设施。如机库，是飞机维修和停放的地方；货运中心或货场，是处理空运货物的场所；其他设施，如油料供应的管道等。

（5）消防和跑道维护设施。每个机场都有消防和急救中心，一旦飞机发生事故往往伴随着起火和伤亡，因而这个中心听从塔台的指挥，一旦发生事故就迅速出动。

第三节　地面运输区的构成及功能

地面运输区包括两个部分，第一部分是机场进出通道；第二部分是机场停车场和机场内部通道。

一、机场进出通道

机场进出通道是指乘客为到达机场乘坐航班及航班到达后乘坐地面交通工具进入机场候机楼的道路。一般情况下，只要是拥有机场的城市，为了解决乘客来往于机场和市区的问题，都要建立足够的公共交通系统，如有的机场开通了到市区的地铁或高架铁路，而大部分机场都有足够的公共汽车线路以方便乘客出行。

二、机场停车场和内部道路

（1）机场停车场。机场停车场除了考虑乘机的乘客自驾车辆需求外，还要考虑接送乘客的车辆、机场工作人员的车辆及观光者和出租车车辆的需求，因此机场的停车场必须有足够大的面积。当然，停车场面积太大也会带来不便，一般情况下繁忙的机场按照车辆使用的急需程度把停车场分为不同的区域，离候机楼最近的是出租车辆和接送乘客车辆的停车区，以减少乘客步行的距离。机场职工或航空公司职员使用的车辆则安排在停车场较远位置。

（2）机场内部道路系统。机场要很好地安排和管理候机楼的机场道路区域，因为这个区域不仅各种车辆和工作人员混行，而且要装卸行李，在机场航班高峰时期容易出现混乱和事故。

思考题

1. 民航机场可以分为哪三部分？
2. 候机楼登机机坪有哪几种登机方式？
3. 乘客乘机流程有哪些？

第三章 机场的运营与管理和具体部门设置及职责

 **学习目标**

了解机场管理的内容和组织
了解机场的运营管理
了解机场具体工作部门

第一节 机场的运营与管理

一、机场管理的内容和组织

机场管理是一个大系统，它在管理组成上大致可以分为四个部分，机场也通常会按照这四个部分设置四个副职分管，整个机场管理由一个总经理负责。大型机场集团则设置董事会，实行总经理负责制。

（一）行政和财务部门

行政和财务部门包括人事部门、财务部门、公共关系部门、办公室、安全管理、企业文化、采购部门。主管这个部门的负责人除关心行政和人事关系外，还必须对财务和公共关系投入很大精力。因为机场是一个企业性质的单位，如果财务运转出问题，机场的运作就会发生困难。伴随机场在社会上的重要性逐步增加，机场本身也成敏感地区，所以机场的宣传和接待工作直接影响一个机场的形象和信誉。

（二）规划和工程部门

机场在投入使用后最先遇到的是各项设施和设备的使用和维护问题，此后还会不断遇到开发和新建的扩展问题，特别是目前中国正处于经济高速发展时期，几乎每一个机场在投产的同时就遇到了进一步的扩展问题。因此统一规划、保证发展的整体性和建筑工程的质量是一个机场长期良好运行的必要条件。

（三）运营部门

机场的运营分为飞行区、候机楼、安全保卫和事故救援四个部分，其任务如下。

（1）飞行。要保证飞机的运行严格按照各项规定进行，保证飞机着陆、滑行、停放、配载、卸载，飞行场地上地面交通工具的运行，航空公司的事务及紧急情况处理等相关的运行和保安规则、规章和程序的贯彻执行，特别是对飞行区内的车辆运行严格管理，防止出现任何危险事故。

（2）候机楼。要保证候机楼建筑和进出道路的安全和通畅，要防止机场内的从业人员和乘客的任何妨碍安全规定的行为，引导他们有秩序地按照规定行动。管理驻场的各种企业和协调各种政府机构的行为。

（3）安全保卫。保护机场内禁止公众进入的地区和危险地区，保证在各登机门和安检区顺利执行任务，保证机场财物和人身的安全，在紧急情况下组织和疏散人群。

（4）事故救援。在飞机发生坠落、失火等事故时，要组织紧急的救援行动。日常的工作包括训练、演习以及检查各项设备和设施的完好情况，一旦出现险情便能出现在现场，熟练地执行任务。

（四）后勤和维修

机场有大量的建筑和设备，维护和后勤工作量十分庞大。

（1）场道的维护。所有机场的铺设道面都要保持良好的状态，要符合民航相关规定和标准，要及时维护以确保飞行正常和安全，另外机场的环境和绿化也要不断维护和保持。

（2）建筑物及设施的维护。这方面的维护主要是按计划对候机楼和其他建筑以及其中的设施定期维护和修理，候机楼的建筑物和设施是使用最频繁的地点，因而也是维护的重点。

（3）车辆维护。机场使用大批的特种车辆和普通车辆，特种车辆的维护、修理是机场特有的问题，除了特殊的大修由外部承包外，其他维护、修理只能由机场自行组织解决。这个部门的任务除了车辆维护、修理外，还应包括制订采购计划、更新车辆，并和生产商或经销商取得联系，以便得到他们的支援和服务。

二、机场的运营管理

要确保机场的安全运行，机场当局要进行大量的维护检查工作，特别是机场的道面是每一次成功飞行的起点和终点。

（一）机场道面的维护

机场道面包括跑道、滑行道和停机坪的道面，其中最重要的是跑道的道面。由于飞机在跑道上高速运动，任何小的裂缝或隆起都有可能造成飞机爆胎或损坏飞机起落架，从而引起事故。

（1）道面的裂痕和强度。大型机场的跑道都使用混凝土道面，承载能力高，但在温度变化时其膨胀和收缩会产生较大的内应力，因而混凝土道面在一定距离上都留有伸缩缝。冬天混凝土收缩，伸缩缝变宽，这时水和沙就会进入缝中，当水冻结时就会产生很大的压力，使伸缩缝边缘开裂，随后雨水就可以渗入混凝土底层，使整块道面出现裂痕、隆起或者伸缩缝变宽。跑道维护人员要定期目视检查跑道的表面，在春季增加检查次数，一旦发现问题要及时修补。

（2）沥青道面

中型机场多在混凝土道面上铺一层沥青，它不需要伸缩缝，但这种道面不耐恶劣天气和水汽侵蚀，如果天气寒冷，道面很快恶化；如果道面积水时间较长，就会出现小孔、裂缝等。由于道面强度低，飞机的重着陆和暴雨都会使道面上的沥青材料被带走，造成空洞。沥青道面虽然造价比混凝土低，但其维修的次数和费用都要高于混凝土道面。所以，每隔一段时间要对跑道的强度和性能进行检验，目前常用无损伤性技术之一的振动法来测定跑道的性能。这个方法不破坏跑道，只是靠振动波的传播和反射来测定跑道的性能，在振动法不能确定的地方，有时用打孔、切槽等破坏性检验来做补充检测。

（3）道面的摩擦力。跑道表面的摩擦力会由于道面的磨损、积水和道面异常而变化，保持相应的道面摩擦要求，就要注意这些问题的出现。道面的磨损可由及时的修补来解决。积水也是减低跑道使用摩擦力的因素，跑道上的薄层积水会使机轮打滑，甚至丧失全部摩擦力。解决的方法是在跑道道面上开出跑道安全槽，它们可以将道面上的水排干净，也可以排出由于轮胎摩擦造成的水蒸气和热量。

（4）跑道污染。跑道污染主要是由于油漆、废物和轮胎上的橡胶颗粒黏附造成的，其中最主要的是橡胶黏附。飞机在降落后制动时摩擦产生的大量热量使轮胎的橡胶颗粒黏附在道面上，大大降低了道面的摩擦系数。清除这种污染比较费力，目前常用的方法有以下四种：一是高压水冲洗；二是化学溶剂溶解；三是高速冲击方法；四是超声波清洗。

（二）除雪和除冰

在中高纬度地区的机场，除雪和除冰是保证机场运行的重要工作，在每年的开支中也占据重要的部分。机场要尽可能减少被冰雪封堵的时间，因而除雪和除冰要根据气象预报及早准备，一旦雪情妨碍飞行就立刻开始行动。

除雪的方法分两种：机械法和化学法。由于化学方法的成本高且见效较慢，所以大多数机场使用机械方法除雪。除雪的三种机械为铲雪机、吹雪机和扫雪车。铲雪机前方有一个巨大的雪铲，铲的下缘由硬橡胶制成，以防损坏道面和与道面齐平的灯罩，它可以清除很厚的雪层；吹雪机有一个强力的吹风机，它可以吹掉雪堆和积雪，把积雪吹到其他地方，常用于清除滑行道、停机坪和停机区；扫雪车是用来清除不厚的积雪和湿雪，也可以用来扫除地面上的石沙。在有很厚积雪的机场，往往是三种车辆连续作业，铲雪机在前除去厚雪，吹雪机在后，把铲雪机铲到旁边的雪堆吹到远离跑道的地方，最后由扫雪车把道面打扫干净。

对飞机来说，跑道结冰比积雪更危险，而且除冰比除雪更难。如果扫雪车不能将冰扫走，一般用撒沙子的方法，既能增加跑道的摩擦力，同时也加快了冰的融化速度。有些地区常用喷洒酒精或乙二醇的方法除冰。在应急情况下，用喷气发动机喷出的热气流除冰也极为有效，但是噪声太大，成本也很高。

（三）防止鸟撞

由于大部分鸟类的飞行高度在 4 000 米以下，所以鸟撞击飞机的情况多发生在机场周围。飞机起降时如果与鸟相撞或鸟被吸入发动机都会造成发动机停止工作或者被损害等危险，所以某些机场把驱散鸟类远离机场空域作为其经营管理中的主要工作之一。

解决鸟撞的办法有很多。最重要的一种方法是把跑道和空港周围的垃圾封盖起来，控制一些昆虫和小动物的生长，清除杂草、水塘，使鸟类在这个地区没有食物来源。其他方法有使用声音驱赶鸟类、投放化学药物及猎杀等，但有些方法遭到环境保护组织和动物保护组织的反对。迄今为止，防止鸟撞仍是一个未能完全解决的问题，目前能做的仅是加强对机场周边环境的清理，研究这一地区鸟类活动的规律，使驾驶员提高警惕来防止事故发生。

（四）紧急救援和消防

据统计，航空事故 75% 发生在距离机场 1 千米以内的地方，即发生在飞机起降的时候，并伴随失火和伤员。因而机场要有一支训练有素、装备精良的救援队伍，随时准备出动以防不测。

救援的反应时间对于救援的效果有着决定性的影响，因而要求救援车队的第一辆车在 3 分钟之内到达跑道的最远端，第二辆车在 4 分钟内、其他车辆在 4.5 分钟内到达。救援车队主要是消防车队。国际民航组织对于大型机场的消防队制定了推荐标准，如果达不到这个标准，就不能取得运营许可。机场消防队的装备要比一般中小消防队先进，反应迅速，使用的车辆有快速救援车、轻型救火车和重型消防车等。

（五）安全保卫

机场的安全保卫主要是针对空中犯罪行为的，这些行为包括爆炸、劫机和走私，在地面上的保卫工作还包括防止盗窃和抢劫等。

（1）外围保卫。机场的安全保卫从飞行区的外围开始，飞行区外围设置栅栏，重要地段有围墙，在栅栏的两旁一般有 3 米以上的隔离带，在隔离带中不能有任何建筑物和障碍物，在偏僻处的栅栏一般用电网和微波护栏，栅栏上有明显标志警告接近者。

（2）安检入口。乘客要通过一个 X 光检查台，以使检查人员能够清楚其行李中的各个细节，行李由传送带运送，自动通过 X 光摄像机，以增加检查的速度。乘客则要通过一个金属探测门，在探测门的框内有电磁场，如果一定体积的金属物品通过探测门就会触发报警信号。在 X 光检查机或金属探测门检查的结果不能确定时，乘客要接受开箱检查或搜身检查。

（3）货场保卫。货场或货运中心是盗贼注意的目标，在这些地方要设置武装警卫。要有良好的照明，对于存入贵重物品的地区要设置监控、录像等装置。此外，由于近年来毒品走私猖獗，很多大型机场的货场或货运中心都有毒品探测器。

（六）地面勤务

地面勤务运用一系列的地面车辆和设施为飞机出进港、经停服务，服务包括上、下乘客，装卸行李、货物，供应食品及其他用品、供水、加燃油和清理垃圾。这些服务都有一定的时限，这样可以提高飞机的利用率，也增加机场的效益。

勤务车辆有很多种，主要分类如下。

（1）推出拖车：在走廊式或者卫星式的机坪，飞机是机头向里停放在停机位上的，因而飞机必须倒退出机位，但是飞机没有倒退装置，所以要借助推出拖车把飞机推出机位。

（2）加油车：一般是油罐加油车，装有 10 吨以上燃油，上面有加油臂，1 分钟可以泵油 4 000 升；另外还有一种管线加油，它把机场供油系统在机坪上的供油拴和飞机的加油孔连在一起，在 10 分钟内可以将波音 747 这样的大型飞机的油箱装满。

（3）供水车：为飞机提供饮用水，可以携带数吨水。

（4）货运平车：用于集装箱或集装货板，它的车体平面距离地面不到 0.5 米，易于和传送带联合作业。

（5）补给车：可以载运清洁工人和食品供应人员以及将补充的各种物品送上飞机。

（6）食品供应车：给飞机上的人提供各种食品和饮料。

（7）清洁车：清除飞机卫生间污水和其他杂物。

（8）地面电源车：飞机停放在地面、发动机未开启时由这种车辆供电，用于启动发动机、照明和空调。

（9）自动登机梯：在没有登机桥的机坪上供乘客上下飞机。

（10）升降平台：用于清理或维护飞机外部，它的升降高度可达 12 米，能保证到达飞机外部各个部位。

（七）机场总体安全检查

机场的安全是机场管理的突出问题。机场应该有一个总体安全检查计划，并且定期地或随机地进行检查，从而建立起一套安全制度和体系。对检查的隐患应及时消除或改进，同时要对职工进行安全方面的教育和技能培训。

安全检查的目的是防止由天气引起的各种危险，包括由障碍物或移动物体引起的危险，道面或设施的损坏引起的危险，以及人为的操作、维修不当引起的危险。

机场重点检查区域包括以下几种：

（1）机坪和停机位。在这里首先要注意防火，禁止吸烟，然后是道面平整，不得积水，还要检查飞机的固定情况等。

（2）跑道。检查跑道灯光和标志是否清晰可见，道肩是否完整，进近区的树木、地形障碍物是否在正常状态，车辆、行人、牲畜是否进入跑道。

（3）滑行道。检查道面是否平整，有无杂物，各种标志线是否完好、清楚，灯光系统是否正常工作。

（4）加油设施。加油设施存放区域必须远离停机坪，消防设施要齐全，定时检查保证其处于完好的工作状态。

第二节　机场具体工作部门设置和职责

机场不分大小或等级高低，因为均面对相同的服务对象和管理内容，所有机场具有类似的管理部门设置与分工。只是大型机场的组织管理部门层次更多，设置更加细致。

一般情况下，我国的机场管理部门有如下设置。

一、党政管理系统机构

（一）行政办公室

行政办公室亦称为办公室、总经理办公室、行政管理部，是机场公司董事会、党委、经营领导班子的办事机构，是负责综合协调管理的职能部门。其主要工作职责如下：

（1）认真执行公司党委、经营班子的决策、决议和指示，并按照其要求，积极主动地发挥综合协调作用，及时高效地完成所赋予的各项任务。

（2）负责检查公司党委、总经理会议以及公司领导决议、指示和贯彻落实情况，认真进行督查督办并实施指导，及时做好信息反馈工作。

（3）承办公司董事会、党委会、总经理会议以及其他重要会议的文秘、会务工作。

（4）承办公司文电起草、把关、传递和机要保密、档案管理以及接待工作，负责公司党群部门之间、公司与外部之间、公司各部门之间的沟通、协调工作。

（5）根据公司领导要求，牵头开展公司体制及运行机制改革的研究，适时提出适应机场事业发展的具体改革方案。

（6）承办公司领导交办的其他工作。

（二）党群工作部

党群工作部，亦称党委办公室，包括党委宣传部、党委组织部、团委、纪委、工会等机构。其主要工作职责如下：

（1）研究拟订公司党建、组织宣传、政治思想、理论教育、精神文明、企业文化建设和企业内保工作计划，检查指导各单位对上述工作的落实，提出改进工作意见；主办机场报刊以及机场公司内外网站刊载内容的审查。

（2）承办拟订工会计划，并组织实施。承担公司工会、职工代表大会闭会期间的日常工作及工会费的使用管理工作。

（3）协助公司女工委员会做好女职工工作。

（4）负责与上级工会的联络，指导下级工会工作。

（5）承办公司领导和上级交办的其他工作。

（三）人力资源部

人力资源部，亦称为人事部、人事劳动处等，是公司负责干部人事、劳动工资、社会保险、员工培训、退休人员管理等工作的职能部门。其主要工作责任如下：

（1）认真执行公司党委、经营班子决策、决议和指示，并按照其要求，积极履行人事管理工作的职责，主动、及时、高效地完成所赋予的任务。

（2）根据公司党委的部署要求，拟订干部员工考核、调配方案并报公司党委审批后具体组织实施。

（3）拟订公司定岗定编方案，根据公司人才需求，拟订公司年度干部员工结构调整计划方案。

（4）研究、拟订公司工资、劳动保护、员工福利规定、标准，并组织实施。

（5）负责劳动关系管理，做好劳动合同、员工奖惩、劳动纪律管理以及劳动争议处理工作。

（6）制订公司培训规划并组织实施，负责公司专业技术人员管理和继续教育工作。

（7）在深入调查研究的基础上，拟订人事、劳动、分配三项制度改革总体方案，并组织实施。

（8）承办公司领导交办的其他工作。

（四）计划财务部

计划财务部，亦称企管财务部、规划发展部等，是公司负责计划、财务管理、会计核算、资金与资产管理等工作的综合职能部门。其主要工作职责如下：

（1）负责贯彻执行国家税收、物价、财务、会计、计划、统筹等政策法规，结合本公司实际，制订公司计划统计、会计核算和财务管理制度。

（2）负责公司生产计划、财务计划、资金计划、固定资产投资计划的编制和管理工作。

（3）负责对内、对外资金结算工作，及时做好资金的统一调度、平衡和管理工作，管理好、使用好资金，保证企业生产经营和发展的需要。

（4）负责公司会计核算工作，检查和指导各单位的会计核算工作，如实反映企业的生产经营和财务收支情况。

（5）负责公司资产登记、核算和管理工作，并定期会同实物管理部门做好实物资产的盘点工作。

（6）负责按时缴纳税金并认真研究国家的各项税收政策，正确把握国家的税收规定，争取政府给予更多的政策支持。

（7）承办公司领导交办的其他工作。

（五）法律事务办公室

法律事务办公室是公司负责法律服务、法律政策研究的办事机构。其主要工作职责如下：

（1）执行公司党委、经营班子决策、决议和指示，并按照其要求，积极开展公司法律服务和法律政策研究，及时主动地完成所赋予的各项工作任务。

（2）承办公司经济合同、协议等法律咨询、审查工作，参加公司对外合作、合资项目的谈判，提供公司重要经济合作项目的法律咨询和论证；负责起草或确认公司适用的标准合同文本。

（3）配合公司宣传部门，开展公司员工普法教育工作。

（4）完成公司领导交办的其他工作。

（六）综合管理部

综合管理部是负责公司部分行政管理及房产、设备、车辆、物资等资产管理和后勤保障的职能部门。其主要职责如下：

（1）执行公司党委、经营班子决策、决议和指示，并按照其要求，积极履行公司赋予的行政管理职责及房产、设备、车辆、物资等资产管理和后勤保障的职责。

（2）拟订公司设备、车辆、物资管理、行政后勤管理的基本规章制度。

（3）承办公司设备、车辆维修、报废的审核工作，参与设备、车辆重大事故的调查处理，负责办理内外场车辆、驾驶员的年检、年审、换证和驾驶员的安全教育等工作。

（4）负责公司生产、办公用房的调配、年度维修、改造计划编制审核工作。

（5）完成公司领导交办的其他工作。

二、业务管理系统机构

（一）企业管理发展部

企业管理发展是机场公司负责企业宏观策划、管理创新和事业发展的职能部门。其主要工作职能如下：

（1）执行公司党委、经营班子决策、决议和指示，并按照其要求，积极主动地履行企业策划、管理和事业发展的职责。

（2）根据国家的法律、法规和民航业管理的有关规定及企业改革发展的要求，研究制定公司企业发展规划和经营管理与发展方面的基本规章制度。

（3）组织拟订公司年度经营目标、经营考核办法，并组织和指导考核工作。

（4）承办机场国内国际航线、航班开通的促进工作以及客货包机业务等筹划与协调工作。

（5）参与公司投资项目的可行性论证、咨询和对外经济技术合作谈判及签约工作，并协助指导公司下属单位投资项目的可行性论证、咨询工作。

（6）完成公司领导交办的其他工作。

（二）运输服务部

运输服务部是机场乘客服务和对航空公司服务的中心机构。其主要工作职责如下：

（1）按照民航运输要求组织航空运输地面服务工作，为乘客、航空公司服务。

（2）组织民航运输市场调查。

（3）按照民航局、地区管理局的授权，实施对机场所在地区航空销售代理的行业管理。

（4）对候机楼的使用管理进行监督，并制定候机楼管理制度。

（5）受理乘客电话投诉和处理涉及运输服务处的投诉。

（6）完成公司领导交办的其他工作。

（三）现场指挥中心

现场指挥中心的主要职能是按照标准与流程协调、指挥航班生产，保证现场生产运行管理，保证航班生产处于受控状态。其主要工作职责如下：

（1）负责制定现场指挥中心管理规章制度和各有关航班生产现场指挥、协调、监管，保证飞机安全、正常。

（2）根据航管和签派部门下达的飞机计划，编制次日飞行计划，并通知各保障部门领取飞行动态。

（3）负责接收航管和签派部门的飞行信息，负责机场进出港航班信息的通报。

（4）负责监督、检查停机坪设施、设备的技术状况。

（5）负责分配航空器的停放机位和值机柜台。

（6）负责 VIP 信息的通知。

（7）负责紧急救援工作的日常事务和初期救援工作的组织与指挥。

（8）负责机场进出港航班生产资料的统计。

（9）完成公司领导交办的其他工作。

（四）候机楼服务管理处

候机楼服务管理处的主要职能是确保为乘客乘机服务的各种设施设备、管理制度、工作流程、运行安全方面保持正常、顺畅、有序、高效。其主要工作职能如下：

（1）认真贯彻执行民航局、民航地区管理局等上级部门制定的关于候机楼服务的相关政策、法规、条例和制度。

（2）认真做好候机楼运输服务保障工作，为乘客提供优质服务。

（3）负责为乘客提供符合标准的候机休息场所和服务。

（4）负责为 VIP、头等舱、贵宾室乘客提供服务工作。

（5）负责值机工作。

（6）负责配载、分拣行李工作。

（7）负责候机楼内清洁卫生工作。

（8）负责候机楼内的所有商务工作。

（9）完成公司领导交办的其他工作。

（五）机场机务部

机场机务部的主要工作职能如下：

（1）按协议完成经停飞机的维修保障工作。

（2）为经停飞机提供符合标准的机务特种车辆服务。

（3）组织制订机务处各项管理制度、工作程序，并监督执行。

（4）组织制订培训计划，并抓好落实。

（5）负责专机、包机等非协议特殊飞行的机务保障工作。

（6）完成公司领导交办的其他工作。

（六）机场医疗急救中心

机场医疗急救中心的主要工作职能如下：

（1）负责国家卫生方针、政策、法规以及民航行业有关卫生规定在本机场的贯彻落实；制定公司相应的医疗、防疫卫生工作制度。

（2）为航空运输生产提供符合要求的应急救援和医疗救援服务。

（3）组织飞行医疗救护和应急救护演练及事故抢救工作。

（4）负责机场辖区的药品管理工作。

（5）代表政府履行进出港动植物的防疫、检疫"三证"抽查监督工作。

（6）完成公司领导交办的其他工作。

三、安全保卫系统机构

（一）机场公安机构

机场公安机构是机场属地公安局设在机场的外派机构，根据机场规模设立公安局、公安分局、派出所等，主要职责是确保机场飞行区、候机楼等安全正常。其主要职责如下：

（1）贯彻执行公安局和民航领导部门有关机场安全保卫工作的方针、政策、法规、规章、决定和指示。

（2）负责机场空防工作，严防劫持飞机、破坏飞机、机场事件的发生。

（3）负责机场治安管理，查处治安案件。

（4）负责机场安检工作业务指导。

（5）协助做好警卫对象和重要外宾的安全、警卫工作。

（6）负责机场机关安全保卫工作。

（7）负责进入机场隔离区、控制区人员及车辆证件的制发和管理。

（二）安检站

安检站主要负责机场乘坐民用航空器的中外乘客及行李、进出候机楼隔离区的其他人及其物品的安全检查工作。其主要职责如下：

（1）在上级部门的领导下，贯彻执行国家、民航总局有关安全检查工作的各项方针、政策、法律、法规。

（2）组织制定机场乘客、物品安全检查的作业规程和管理制度。

（3）负责安检设备的日常维护、保养工作。

（4）配合公安机关防范打击犯罪分子预谋劫机、炸机以及其他危害空防安全的破坏活动。

（5）协助公安机关查堵通缉犯。

（6）完成公司领导交办的其他工作。

（三）机场消防、护卫大队

机场消防、护卫大队是相关机构派驻机场、确保机场运行、消防安全、治安安全及飞行意外事故处理的机构。其主要职责如下：

（1）贯彻执行国家法律、法令和民航局的政策、法规和条例。

（2）制定机场灭火应急救援方案及消防训练计划，定期组织演练。

（3）搞好执勤备战工作，做好灭火战备，接警立即出动，及时扑救火灾。

（4）熟悉责任区环境，掌握重点部位情况，加强安全防范工作。

（5）加强飞控区的巡逻检查，及时发现问题，并妥善处理。

（6）积极组织应急救援演练，随时处于临战状态。

（7）做好大型庆典活动、上级领导视察、外国贵宾来访的外围安全保卫工作。

（四）武警保卫机构

在大中型机场有武警队伍进驻，负责保护飞机，特别是专机、航空油库、机库、货物仓库等机场重点设施；消防支队则负责机场的抢险救灾、日常安全保护等。

四、机场辅助系统机构

（1）机场航空油料公司。航空油料公司主要负责飞机油料业务，一般规定回程飞机限停 60 分钟，过站飞机限停 30 分钟，其中加油时间规定为 22 分钟。燃油公司还在机场附近承担地面油料加注业务。

（2）机场航空食品公司。主要进行食品研发、航空食品事务咨询、策划。如食品的生产、加工、销售，相关原材料的生产和采购，食品及饮料的仓储、运输、配送等。

（3）机场货运公司。出于提高服务和经营的目的，机场成立货运或货站公司，进行航空货运运输的经营、运输及装卸、储运、市场营销等，在物流愈加发达的情况下，成为一个有竞争力的部门。

（4）乘客服务公司。乘客服务公司主要是出租汽车服务公司、机场大巴公司、机场停车服务公司、汽车租赁公司等为乘客提供交通服务的公司。

思考题

1. 机场运营与管理系统有哪四大组成部分？
2. 地面勤务车辆有哪些种类？
3. 机场具体的工作部门有哪些？
4. 安保系统有哪三个部门？

第四章　机场候机楼管理及流程

 **学习目标**

了解设计机场候机楼原则
了解乘坐国内航班的流程
了解乘坐国际航班的流程
了解中转航班的流程

第一节　候机楼——机场标志性建筑

每个城市都有自己的标志性建筑，人们常把它们比喻成"城市名片"。机场是乘客进入城市的窗口，所以被视为城市形象的代表者之一。

一、候机楼外观设计原则

在设计原则上，候机楼的外观设计一般要考虑以下几点：

1. 体现机场的使用功能

根据机场的等级和规模，完善地体现机场的使用功能。由于枢纽机场、干线机场和支线机场的乘客流量、航线性质等有很大的差别，候机楼设计时必须针对不同需要来满足使用者。对机场候机楼来说，最大、最直接的使用者是乘机进出机场的乘客，其次是候机楼内工作的航空公司等各种单位的工作人员，再次是候机楼的拥有者和管理者，即机场所有者或经营管理者。

大型机场因为有国际航班和国内航班不同工作流程，加上进出港乘客数量很多，所以候机楼的设计往往采取进港与出港乘客分层进行、国内航班与国际航班进出港乘客分区进行。候机楼至少两层以上，建筑面积也很大，相反，中小型机场的乘客进出港往往在同层进行，候机楼设计比较简单。

2. 结合区域特色

根据机场所在地的区域特色，完善体现机场所在地的历史、文化、民族、地理等特色，使之成为机场的标志性建筑，又是展现当地风貌的窗口。

候机楼设计要充分考虑当地的自然地理条件和社会文化背景，突出的文化气息，同时在建筑材料和装饰材料的选择上最大限度地发挥当地的优势，既充分利用本地资源，又体现当地文化特色。

3. 设计风格务实

候机楼设计风格应追求美观、大方、实用，尽量不搞华而不实的东西，不盲目追求高档装修。航站楼内装修应本着经济适用、分区对待的原则，既要考虑利用一些雕塑、壁画等营造出艺术气氛，同时也要注意与本地的文化相吻合，而在公共部分尽量少用大理石等高档材料进行装修。

4. 以人为本

候机楼设计最重要的原则应是以人为本，重视候机流程设计。一流的候机楼设计的重要原则，是在候机楼内部工艺流程设计上坚持以人为本，以乘客需求为核心，方便乘客，充分体现顾客就是上帝的市场经济准则。在具体设计中采用计算机模拟、定量分析等方法，详细测算出乘客从进航站楼到登上飞机，或乘客从下飞机到登上通往市区的交通工具每一环节所花费的时间，从而设计出最短的路径和最便捷的操作流程，最大限度地缩小乘客在机场的停留等待时间。

二、我国候机楼整体水平提高

经过多年的探索和建设，我国机场候机楼的整体水平已经有了很大提高，表现为以下几个方面：

1. 机场候机楼设计概念多样化

20世纪90年代以前，中国民用机场乘客候机楼建筑面积较小，概念设计比较简单，大部分为前列式或远距式，个别机场如北京首都机场采用了前列式、卫星式与远距式相结合的方式。目前，中国民用航空机场规模普遍扩大，一些机场的乘客候机楼面积大大增加，高峰期飞机运行架次增多。因此，近几年建设的机场候机楼设计概念逐步多样化，前列、指廊、卫星、远距等方式互相结合、互相补充，方便乘客，同时也提高了运行效率。

2. 候机楼内设施、设备逐步现代化，工艺流程更趋合理

在已建成和正在建设的乘客候机楼中，值机柜台、安检通道、航班动态显示、时钟、监控、广播、计算机信息管理、乘客离港、系统集成、楼宇自控、行李自动传输与分拣、自动步道、自动扶梯、乘客登机桥等较为先进的设施设备日益完善，提高了候机楼内设施、设备现代化程度。这些新的改善，一方面解决了在候机楼内如何做到信息及时、流程顺畅、方便高效的难题，同时也促进了候机楼运营管理和服务水平的提高。

3. 积极引进国外候机楼设计方案，借鉴国外先进技术和设计概念

近年来，在机场候机楼设计中，均向国际、国内公开招标，选择设计方案和设计单位。北京首都机场、上海浦东机场、广州新白云机场等最终采用了国外著名公司的设计方案。这种方式缩小了我国与国外航空发达国家在机场航站楼设计中的差距，提

高了中国民用机场的建设水平。

第二节　机场候机楼内乘客进出流程

一、乘客离港

（一）国内出发

国内机场出发流程：托运行李、换登机牌，安全检查，候机及登机。

正常情况下，乘客国内出发的一般流程是：乘客到达机场离港大厅时，第一步是在航班信息显示屏上查询所乘坐航班相应的值机柜台，并到该柜台办理行李托运手续、换登机牌；第二步是通过安全检查；第三步是在候机厅寻找相应的登机口候机、登机。

1. 托运行李、换登机牌

乘客凭本人机票及本人有效身份证到相应值机柜台办理行李托运手续，领取登机牌。注意千万不要帮别人携带行李物品，特别是陌生人的行李。如果有人让某位乘客携带的物品是违法物品（如毒品等），那该乘客就会被当作贩毒运毒分子。

2. 安全检测

乘客需要提前准备好登机牌、飞机票、有效身份证，并交给安全检查员查验。为了飞行安全，乘客须从安全探测门通过，随身行李物品须经 X 光机检查。乘客不要携带违禁物品，否则只能给自己增加麻烦。

3. 候机及登机

乘客安检后可以根据登机牌上的登机口号码到相应候机区休息候机。通常情况下，乘客会在航班起飞前约 30 分钟开始登机。乘客登机时需要出示登机牌，应提前准备好。为确保乘客顺利登机，乘客应最晚在航班起飞前 90 分钟到达候机楼，航班起飞前 40 分钟将停止办理乘机手续；乘客的护照、签证、证件以及现金、票据等贵重物品要随身携带，尽量不要放入行李，否则出现丢失或遇到航班延误，不仅给乘客造成很大不便，而且赔偿额很低。

（二）国际出发

国际出发流程：①海关检查；②托运行李、换登机牌；③检验检疫；④边防检查；⑤安全检查；⑥候机与登机。

乘客到达机场离港大厅后，首先要在机场航班信息显示屏上查询所乘坐航班相应的通道和值机柜台。

1. 海关检查

如果乘客有物品申报，要填写《中华人民共和国海关进出境旅客行李物品申报单》，选择"申报通道"通过，办理海关手续。如果乘客没有物品申报，可以选择无申报通道通关。

2. 托运行李、换登机牌

乘客凭本人机票及本人护照、签证到相应值机柜台乘机和办理行李托运手续，领取登机牌。飞机离站前 40 分钟停止办理乘机手续，乘客要注意护照、签证及旅行证件应随身携带。如果乘客所乘航班经停国内其他机场出境，乘客要从指定通道经安全检查进入候机区登机，详情可以咨询值机柜台服务人员。

3. 检验检疫

如果乘客是要出国一年以上的中国籍旅客，取得包括艾滋病检测结果在内的有效健康证明必不可少，如果乘客要前往某一疫区，应进行必要的免疫预防疫苗接种。

4. 边防检查

如果乘客是外国旅客，需交验本人的护照、签证、出境登记卡，并在有效入境签证上的规定期限内出境。如果乘客是中国旅客（包括港澳台地区居民），需交验本人的有效护照证件、签证、出境登记卡以及有关部门签发的出国证明。

5. 安全检查

乘客要提前准备好登机牌、飞机票、有效护照证件并交给安全检查员查验。为了飞行安全，乘客须从安全探测门通过，随身行李物品须经 X 光机检验。

6. 候机与登机

安全检查后乘客可以根据登机牌显示的登机口号码到相应候机区休息候机。通常情况下，乘客会在航班起飞前约 30 分钟开始登机，乘客也需要注意候机楼广播提示。

乘客登机时需要出示登机牌，应提前准备好。为确保乘客顺利登机，乘客最晚在航班起飞前 120～180 分钟到达候机楼，值机截止办理手续的时间为航班起飞前 30～60 分钟，具体情况按照各航空公司的规定执行。

（三）与国内、国际出港相关的规定和提示

1. 海关检查

海关检查的范围主要是乘客携带的物品，对于乘客身份并不详细核查，核实身份一般由边防和航空公司进行。通常情况下，在机场海关，检查人员只是对所有过境人员抽查，此时需要乘客配合出示护照、机票。通过边防检查时需要护照、前往国签证、出境登记卡、登机牌。

2. 需要填写海关申报单证的出境乘客

以下乘客出境需要填写海关申报单证：

（1）携带需复带进境的照相机、小型摄像机、手提式摄像机、手提式文字处理机等旅行自用物品者。

（2）未将应复带出境物品原物带出或携带进境的暂时免税物品未办结海关手续者。

（3）携带外币、金银及其制品未取得有关出境许可证明或超出本次出境申报数额者。

（4）携带人民币现钞 20 000 元或者折合 5 000 美元的等值外币以上者。

（5）携带文物者。

（6）携带货物、货样者。

（7）携带出境物品超出海关规定的限制、限量或其他限制规定者。

（8）携带中国检疫法规规定管制的动植物及其产品以及其他须办理验放手续的物品者。

3. 禁止出入境物品

（1）禁止入境物品：①各种武器、仿真物品、弹药及爆炸物品；②伪造的货币及伪造的有价证券；③对中国政治、经济、文化、道德有害的印刷品、胶卷、照片、唱片、影片、录像带、录音带、激光视盘、计算机存储介质及其他物品；④鸦片、吗啡、海洛因、大麻以及其他使人成瘾的麻醉品、精神药品；⑤带有危险性病菌、害虫及其他有害生物的动植物及其产品；⑥有碍人畜健康的、来自疫区的以及其他能传播疾病的食品、药品或其他物品。

（2）禁止出境物品：①禁止出境范围的所有物品；②内容涉及国家秘密的手稿、印刷品、胶卷、照片、唱片、影片、录像带、录音带、激光视盘、激光唱盘、计算机存储介质及其他物品；③珍贵文物及其他禁止出境的文物；④濒危和珍贵的动植物及其种子和繁殖材料。

4. 办理临时登机身份证件

如果乘客的有效身份证件遗失、破损、过期，乘客应凭户籍所在地派出所出具的户籍证明原件或传真件及本人近期一寸免冠照片两张办理相关手续。

5. 关于托运行李的一些限制性规定

（1）手提行李。乘坐国内航班：手提行李总重量不超过 5 公斤，每件行李体积不超过 20 厘米×40 厘米×55 厘米。乘坐国际航班：手提行李总重量不超过 7 公斤，每件行李体积不超过 20 厘米×40 厘米×55 厘米，或三边之和不超过 115 厘米。

（2）免费托运的行李重量。头等舱为 40 公斤，公务舱为 30 公斤，经济舱为 20 公斤，婴儿票乘客的免费托运行李重量为 10 公斤。

以上限制为一般规定，各航空公司有各自的标准，乘客应留意机票上的有关说明。

二、乘客进港

（一）国际到达

国际到达流程：①航班到达；②卫生检验检疫；③边防检查；④提取行李；⑤海关检查；⑥进入到达大厅、离开机场。

1. 航班到达

飞机到达后，乘客下飞机进入候机楼。

2. 卫生检验检疫

乘客下飞机进入候机楼后，应依次办理以下手续：

（1）乘客需要如实填写《入境健康检疫申明卡》。

（2）来自黄热病区的乘客，要向检验检疫机关出示有效的黄热病预防接种证明。

（3）乘客在飞机内如果得到卫生检疫机构发放的卫生健康卡，应填写必要事项并交到卫生检疫站。

3. 公安边防检查

外国乘客入境须持有效护照证件并办妥中国入境签证；中国乘客凭有效护照证件入境。乘客入境时，须将填好的入境登记卡连同护照证件、签证一并交给边防检查站查验。

4. 提取行李

一般情况下行李提取大厅位于候机楼的一层，其入口处设有行李转盘显示屏，乘客可以根据航班号查询托运行李所在的转盘。为了防止乘客误领行李，乘客要认真核对行李牌号，如果有疑问可到行李查询柜台咨询。

5. 海关

如果乘客有物品申报，要走红色通道，接受检查，办理海关手续；如果没有，可走绿色通道。

6. 进入到达大厅、离开机场

乘客提取行李后将进入到达大厅，在那里可与接机的亲友会面，或到宾馆接待及问讯柜台进行咨询，或到银行兑换货币。乘客出机场到达大厅后，可选择机场巴士或出租车离开机场。

（二）与国内、国际到达相关的规定与提示

1. 紧急来华乘客申请办理落地签证

以下紧急来华乘客可以申请办理落地签证：

（1）中方临时决定邀请来华参加交易会的。

（2）应邀来华参加投标或者正式签订贸易合同的。

（3）按约来华监装出口、进口商检或参加合同验收的。

（4）应邀参加设备安装或者工程抢修的。

（5）应中方要求来华解决索赔问题的。

（6）应邀来华提供科技咨询的。

（7）应邀来华团、组办妥签证后，经中方同意临时增换的。

（8）看望危急病人或处理丧事的。

（9）直接过境人员由于不可抗拒的原因不能在24小时内乘原机离境或者改乘其他交通工具离境的。

2. 中华人民共和国禁止进境的物品

（1）根据《中国入境检验检疫须知》，下列物品禁止入境：①人血及其制品；②水果、辣椒、茄子、西红柿；③动物尸体及其标本；④土壤；⑤动物病因体、害虫及其他有害物种；⑥活动物及其动物精液、受精卵、胚胎等物质；⑦蛋、鬃毛类、

蹄骨角类、动物肉类及其制品，鲜奶、奶酪、黄油、奶油、乳清粉、蚕蛹、蚕卵、动物血液及其制品，水生动物产品；⑧转基因生物材料；⑨废旧服装。

（2）根据中国海关相关规定，下列物品禁止入境：①各种武器、仿真武器、弹药及其爆炸物品；②伪造的货币及伪造的有价证券；③对中国政治、经济、文化、道德有害的印刷品、胶卷、照片、唱片、影片、录像带、录音带、激光视盘、计算机存储介质及其他物品。④鸦片、吗啡、海洛因、大麻以及其他使人成瘾的麻醉品、精神药品。⑤带有危险性病菌、害虫及其他有害生物的动植物及其产品。⑥有碍人畜健康的、来自疫区的以及其他能传播疾病的食品、药品或其他物品。

3. 允许入境但需要申报检疫的物品

（1）种子、苗木及其他繁殖材料、烟叶、粮谷、豆类；

（2）鲜花、切花、干花；

（3）植物性样品、展品、标本；

（4）干果、干菜、腌制蔬菜、冷冻蔬菜；

（5）竹、藤、柳、草、木制品；

（6）犬、猫等宠物；

（7）特许进口的人类血液及其制品、微生物、人体组织及其生物制品。

如果乘客携带以上物品，应主动向检验检疫机关申报并接受检疫。

4. 需要填写海关申报单证的进境乘客

（1）携带需经海关征税或限量免税的物品者。

（2）非居民乘客持有前往国家再入境签证的居民乘客携带途中必需的旅行自用物品超出照相机、便携式收录音机、小型摄像机、手提式录像机、手提式文字处理机每种一件范围者。

（3）携带人民币现钞 6 000 元以上，或者金银及其制品 50 克以上者。

（4）非居民乘客携带外币现钞折合 5 000 美元以上者。

（5）居民乘客携带外币现钞折合 5 000 美元以上者。

（6）携带货物、货样以及携带物品超出乘客个人自用行李物品范围者。

（7）携带中国检疫法规规定管制的动植物及其产品以及其他须办理验放手续的物品者。

（三）国内到达

国内到达流程：①航班到达；②提取行李；③离开机场。

1. 航班到达

（1）如果航班停靠候机楼登机桥，乘客可沿进港通廊前往一层行李提取厅。

（2）如果乘客是摆渡车到达候机楼，下车后可直接进入机场行李提取厅。

2. 提取行李

大多数机场行李提取厅位于候机楼的一层，其入口处设有行李转盘显示屏，乘客可以根据航班号查询托运行李所在的转盘。为了防止乘客误领行李，乘客要认真核对行李牌号，如果有疑问可到行李查询柜台咨询。

3. 离开机场

乘客提取行李后将进入到达大厅，在那里与接机的亲友会面，或到宾馆接待及询问柜台进行询问，或到银行兑换货币。乘客出了机场到达大厅后，可选择机场巴士或出租车离开机场。为了保障乘客的合法权益不受侵害，不要接受无机场正式工作证件人员的服务或搭乘无运营资格、私自揽客的车辆，以免上当或者遭受经济损失。

三、乘客中转

（一）国内转国内
国内转国内流程：①国内航班到达；②办理中转手续；③国内航班登机。

1. 国内航班到达
乘客下飞机后，可以经登机桥或者摆渡车进入候机楼。

2. 办理中转手续
（1）如果乘客经登机桥进入候机楼，可以前往候机楼中转柜台办理中转手续。
（2）如果乘客乘摆渡车到达候机楼，下车后前往国内中转柜台办理中转手续。

3. 国内航班登机
乘客办理中转手续后，可直接前往候机区，到相应登机口候机，并留意航班显示屏及候机楼广播发布的相关航班信息。

如果不能正常办理中转手续，乘客要先提取行李，再依次办理如下手续：托运行李、换登机牌、安全检查、候机及登机。

（二）国内转国际
国内转国际流程：①国内航班到达；②提取行李；③办理中转手续；④海关检查；⑤检验检疫；⑥边防检查；⑦安全检查；⑧国际航班登机。

1. 国内航班到达
乘客下飞机后，经登机桥或乘摆渡车进入候机楼。

2. 提取行李
一般情况下行李提取大厅位于候机楼的一层，其入口处设有行李转盘显示屏，乘客可以根据航班号查询托运行李所在的转盘。为了防止乘客误领行李，乘客要认真核对行李牌号，如果有疑问可到行李查询柜台咨询。

3. 办理中转手续
中转手续依次为出境海关检查、行李安全检查、托运行李、换登机牌。

4. 海关检查
乘客如果有物品申报，可走红色通道；如果没有，可走绿色通道。

5. 检验检疫
乘客应持有必要的健康证明，并进行必要的免疫预防疫苗接种。

6. 边防检查

乘客应持有有效护照证件、签证、出境登记卡以及有关部门签发的出国证明。

7. 安全检查

乘客应准备好登机牌、飞机票、有效护照证件等通过安全检查。

8. 国际航班登机

乘客应到相应登机口候机，并留意航班显示屏及候机楼广播发布的有关航班信息。

（三）国际转国际

国际转国际流程：①国际航班到达；②办理中转手续；③国际航班登机。

1. 国际航班到达

乘客下飞机后，可以经登机桥或乘摆渡车进入候机楼。

2. 办理中转手续

中转手续依次为办理乘机手续、边防检查、安全检查。

3. 国际航班登机

乘客办理中转手续后，可以前往候机区，到相应登机口候机，并留意航班显示屏及候机楼广播发布的有关航班信息。

（四）国际转国内

国际转国内流程：①国际航班到达；②检验检疫；③边防检查；④提取行李；⑤办理中转手续；⑥安全检查；⑦国内航班登机。

1. 国际航班到达

乘客下飞机后，可以经登机桥或乘摆渡车进入候机楼。

2. 检验检疫

乘客要按照检验检疫机关要求，如实填写《入境健康检疫申明卡》；来自黄热病区的乘客，要向检验检疫机关出示有效的黄热病预防接种证明。

3. 边防检查

乘客应持有有效护照证件、签证、出境登记卡以及有关部门签发的出国证明。

4. 提取行李

一般情况下行李提取大厅位于候机楼的一层，其入口处设有行李转盘显示屏，乘客可以根据航班号查询托运行李所在的转盘。为了防止乘客误领行李，乘客要认真核对行李牌号，如果有疑问可到行李查询柜台咨询。

5. 办理中转手续

中转手续依次为出境海关检查、行李安全检查、托运行李、换登机牌。

6. 安全检查

乘客应准备好登机牌、飞机票、有效护照证件等通过安全检查。

7. 国内航班登记

乘客应到相应登机口候机，并留意航班显示屏及候机楼广播发布的有关航班信息。

思考题

1. 机场候机楼设计建设应注意哪四点要素?
2. 国内出发乘客乘机有哪些流程?
3. 国际出发乘客乘机有哪些流程?
4. 禁止入境的物品有哪些?

第五章　机场值机服务

了解值机的程序和相关的规定

掌握办理乘机手续的步骤及要求

熟悉行李运输的一般规定

了解客票查验、座位安排和安全检查的基本要求

了解值机服务柜台的种类和时间要求

第一节　办理乘机手续的程序和要求

值机是民航服务岗位上的一个工种，是旅客乘机时非常重要的一个环节（见图 5 -1）。值机人员专门为旅客办理乘机手续，协助旅客乘机，例如换发登机牌、收运旅客的托运行李、安排旅客的座位等。

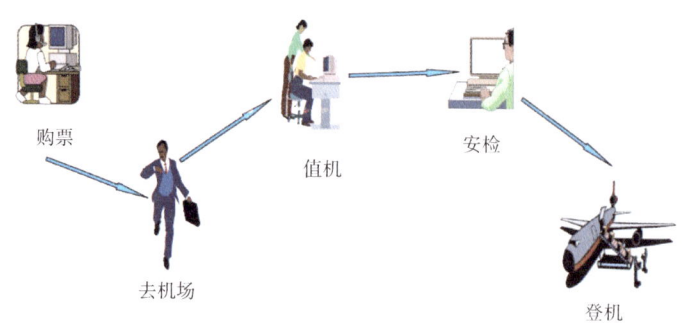

图 5 - 1　乘机的关键步骤

一、值机岗位工作流程

值机岗位工作流程图如下，见图 5 - 2。

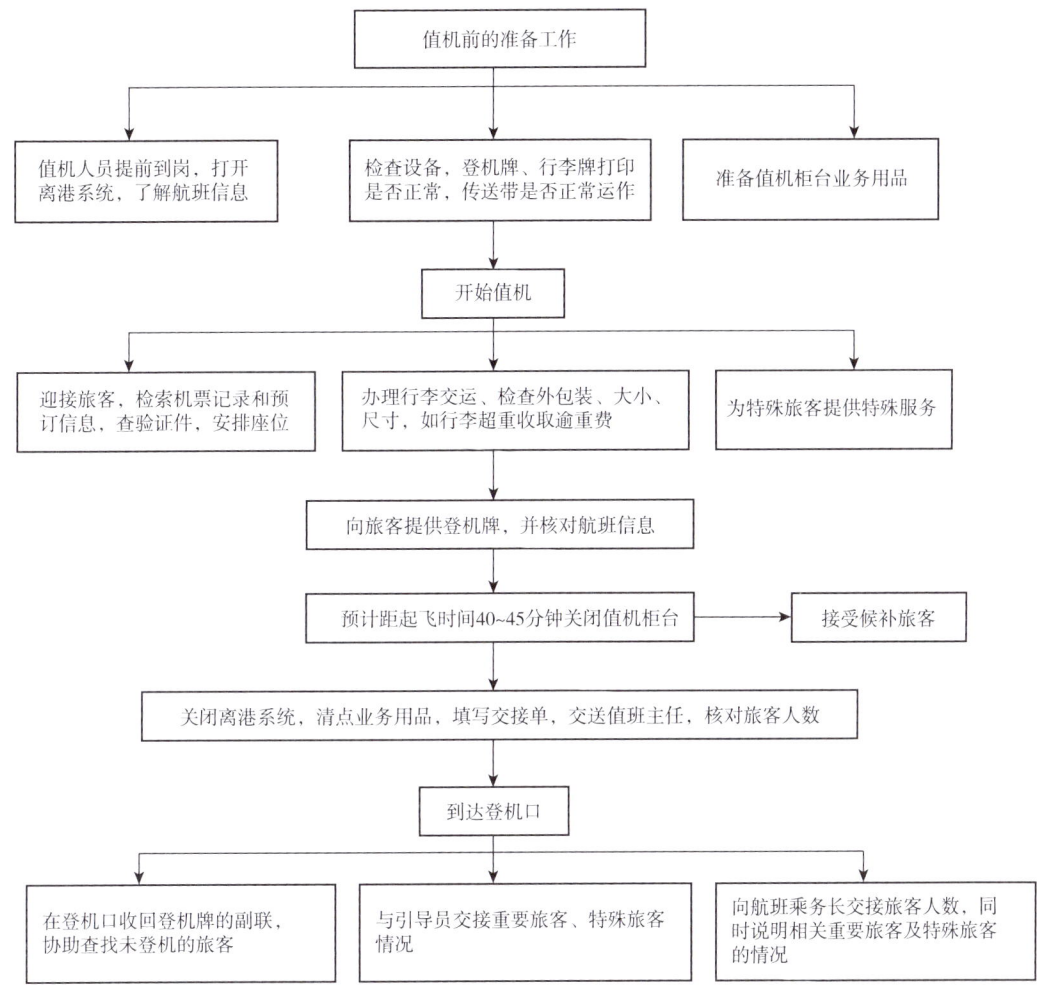

图 5－2 值机岗位工作流程图

二、值机前的准备工作

值机前的准备工作如下。

（1）值机人员穿着整齐制服在值机柜台准备。

（2）值机人员应了解当天航班飞行计划、动态、核对旅客人数、VIP、特殊旅客、团体旅客以及特别安排、注意事项等。

（3）检查设备，了解设备使用情况，核对柜台显示屏幕的资料是否与航班信息一致，登机牌、行李牌打印是否正常，行李传送带运行是否顺畅，检查值机系统功能是否正常运作。

（4）开设足够值机柜台。

（5）准备足够的业务用品：登机牌、行李牌、相关表格、行李安全须知（如图 5－3）、危险品运输规定等。

（6）检查是否有超售情况，如遇超售情况，提前准备旅客保障，如餐食、住宿、航班。

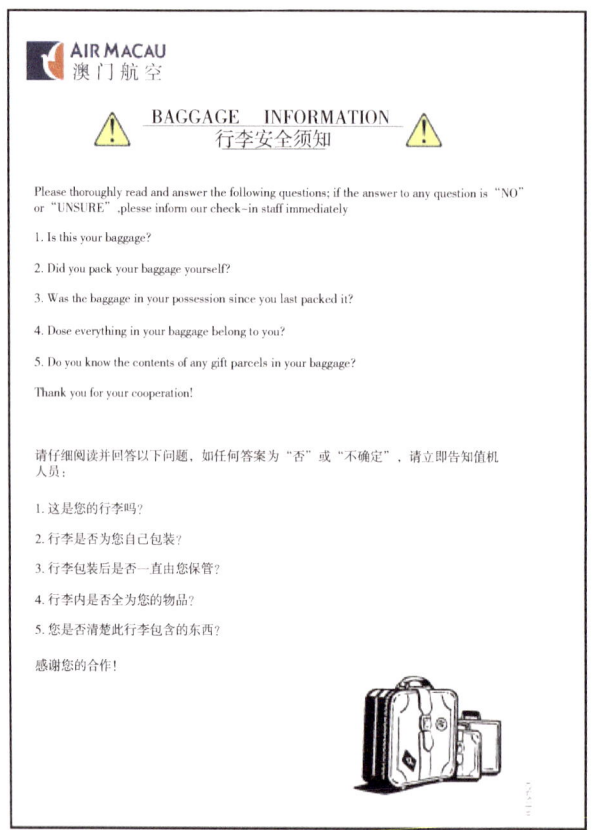

图5-3　行李安全须知参考样式

三、值机时的流程

（一）迎接旅客，称呼旅客姓名
穿着整齐制服，迎接客人，和旅客进行眼神交流，提供友善、合作及专业的服务态度。

（二）查验旅客客票及订座记录
1. 旅客客票
查验旅客客票要注意以下几点：
（1）必须是有效客票；
（2）核对客票信息；
（3）接收旅客；

（4）客票航段按顺序使用。

2. 检查订座记录

检查订座记录要注意以下几点：

（1）订座记录有效；

（2）客票舱位等级与订座舱位等级一致；

（3）为没有订座记录旅客进行后补手续。

（三）检查旅客乘机证件的有效性

检查旅客乘机证件要注意以下几点：

（1）乘机证件是否有效；

（2）破损和模糊不清的证件均不予接受；

（3）任何经伪造、涂改的证件均视为无效，图5-4即经涂改属无效的证件；

（4）证件必须在证件本身注明的有效期内使用，任何处在有效期之外的证件被视为无效证件；

（5）任何证件必须由旅客本人使用，冒用和借用他人证件均为无效。

图5-4　无效乘机证件

（6）如果旅客需要出境，必须确保旅客持有所有接收航段的出/过/入境的相关有效旅游证件：①护照/旅游证件（全名，照片）；②相对应的有效签证/签注；③有效去程/回程机票；④健康证明（如需要）。

（四）为旅客更新常旅客里程

（1）询问旅客是否为常旅客会员。

（2）提取会员卡号，更新旅客里程资料于系统内。

（五） 座位安排

（1） 在符合安全规定和飞机载重平衡的要求下，根据旅客的需求，为其安排座位。

（2） 为需要特殊服务的旅客提供特别座位/座排。

（3） 旅客座位申请的安排需要根据当天航班值机时的实际情况提供。

（六） 收运旅客的托运行李

（1） 检查行李包装、行李过称。

（2） 对超出免费行李额的旅客收取逾重行李费。

（3） 确保旅客及其托运行李的收运系统记录。

（4） 打印行李牌，去掉过期行李牌，拴挂新的行李牌。

（5） 行李过检。

（6） 传送行李。

（七） 特殊服务

为有需要的旅客提供特殊服务，如乘轮椅旅客、无成人陪伴儿童以及携带大件物品或易碎品的乘客等。

（八） 提供登机牌

提供登机牌，向旅客核对航班信息（航班号、登机口、登机时间、航班不正常情况等）。

（九） 祝旅客旅途愉快

对旅客表达美好的祝愿，祝其旅途愉快。

四、值机结束后

值机结束后，要做以下工作。

（1） 清点旅客人数、接受候补旅客。

（2） 填报旅客人数、行李重量、件数。

（3） 通知增补餐食供应品。

（4） 核对客票乘机联、行李牌，清点剩余登机牌和行李牌。

（5） 在旅客登机时，在登机口收回登机牌的副联，同时协助查找未登机的旅客。

（6） 与航班乘务长交接旅客人数，同时说明相关重要旅客及特殊旅客的情况。

五、拒绝载运

对下列旅客，航空公司有权拒绝载运。

（1）旅客不遵守国家的法律、政策规定和命令，不遵守航空公司的规定。

（2）旅客未出示有效的旅行证件。

（3）旅客没有有效客票。

（4）旅客在值机柜台关闭后才到达。

（5）旅客未按照规定支付逾重行李的有关费用。

（6）旅客拒绝接受机场和航空公司的安全检查。

（7）旅客的行为、精神状况不适合旅行，或者可能给其他旅客造成不适，或者可能对旅客本人或其他人员的生命或财产造成危险或者危害。

（8）已知患严重的传染性疾病，且无法出具其已采取必要的预防措施防止传染其他人的医疗证明。

（9）心智不健全者，其行为可能对自身、机组成员或其他旅客造成危险。

第二节　办理乘机手续的一般规定

一、办理乘机手续的方式

（一）人工柜台值机

在机场人工柜台值机是最传统、最主流的一种值机方式。旅客可以同时在人工值机柜台换取登机牌和办理行李托运。图5－5为机场人工柜台。

图5－5　机场人工柜台

（二）网上值机

网上值机是一种非常快捷方便的办理方式，适合于没有行李托运的旅客，可以通过航空公司的官方网站或者 APP 的网上值机通道输入旅客姓名、乘机证件号或票号（见图5-6），再进行预选座位（见图5-7），完成值机手续之后打印登机牌，就可以直接通过安检，无须去机场值机柜台排队领取登机牌。网上值机可以节省旅客的出行时间，是一种很便捷的在线服务。网上办理值机手续一般是在航班起飞前24小时开始接受办理。

图5-6　网上值机页面参考样式

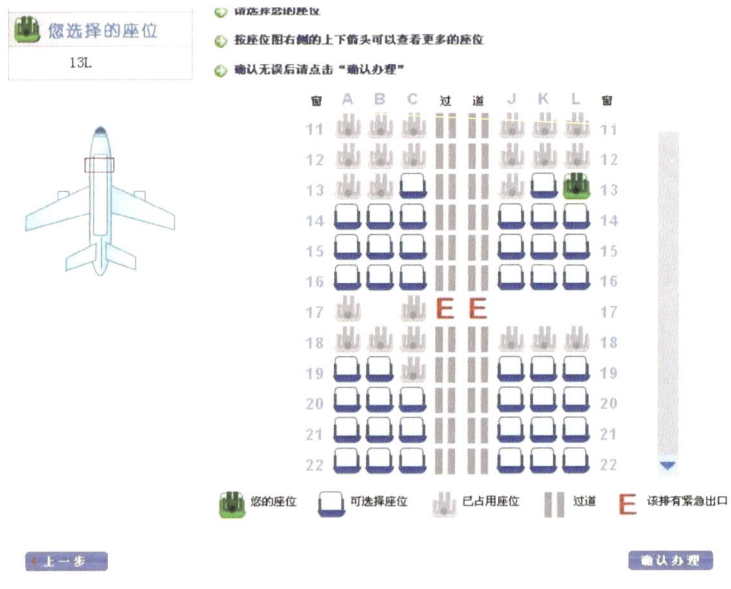

图5-7　网上值机选座页面参考样式

（三）短信办理值机

旅客可以通过发送和接收短信的方式办理值机手续，通过短信值机获得一条彩信，内含二维码和旅客姓名、航班号、日期以及座位号、登机口信息等，可凭手机登机牌直接通过安检和登机口。但目前只有部门城市的机场开通了短信值机业务。

（四）机场自助值机

旅客可以通过机场自助值机设备办理值机手续（见图5-8），通过第二代身份证、护照、电子客票等输入方式，旅客可在自助值机设备上选择座位，机器直接将登机牌打印给旅客，这适用于没有托运行李的旅客。具体操作步骤：①扫描旅客购票时所出示的有效证件或手动输入身份证号、护照编号、电子客票等信息。②选择旅客所乘坐飞机的航班号并核对航班信息。③根据飞机座位分布图选择自己的座位。④确认信息并打印登机牌。

如旅客携带有托运行李，仍需在完成自助值机后去人工值机柜台办理行李托运手续。

图5-8　机场自助值机柜台

二、旅客乘机证件

旅客乘机证件有以下几类。

（1）有效居民身份证，包括有效期内的临时身份证。

（2）16岁以下未成年人购票乘机，可使用户口本、学生证。

（3）婴儿购票可以使用出生证。

（4）按规定可以使用的有效护照、军官证、警官证、士兵证、文职干部证或离休退休干部证明。

（5）旅客的居民身份证在户籍所在地以外被盗或丢失的，凭报失地公安机关出具的临时身份证明。具备下列材料之一者，可以申办《乘坐民航飞机临时身份证明》：①旅客的过期、破损身份证或临时身份证原件；②旅客的户口簿原件及复印件；③旅客的中华人民共和国机动车驾驶证；④国内机场公安机关6个月内为旅客出具的完整的《乘坐民航飞机临时身份证明》原件；⑤旅客户籍所在地公安机关出具的户籍证明原件或者传真件。具备下列材料之一者，不可以申办《乘坐民航飞机临时身份证明》：①对安检中发现冒用他人身份证件或使用伪造、变造身份证件的旅客；②外籍和港澳台地区的旅客；③非申办旅客本人；④根据申办人提供的材料经公安网络查实不符的或无法证实是旅客本人的；⑤无法通过公安网络查询的旅客。

三、登机牌

登机牌（Boarding Pass/Boarding Card）是机场为乘坐航班的乘客提供的登机时的唯一凭证，旅客必须办理完成值机手续，才能拿到登机牌。登机牌上面的信息包括旅客姓名、航班号、目的地、座位号、登机口、登机时间等。旅客可以根据登机牌上面的信息，通过安检、登机并对号入座。登机牌上的登机口和登机时间有时会有更改，机场会通过广播通知旅客。

20世纪80年代之前，我国使用的登机证印制十分简单，多为手工填写和加盖橡皮戳记。随着电脑技术的广泛应用，现在所有机场或航空公司都采用电脑打印登机牌的方式。登机牌的形式一般有两种：电脑打印的纸质登机牌（图5-9）和电子登机牌（图5-10）。如遇系统故障等一些特殊情况，还会有人工手写的登机牌（图5-11）。

图5-9　电脑打印登机牌

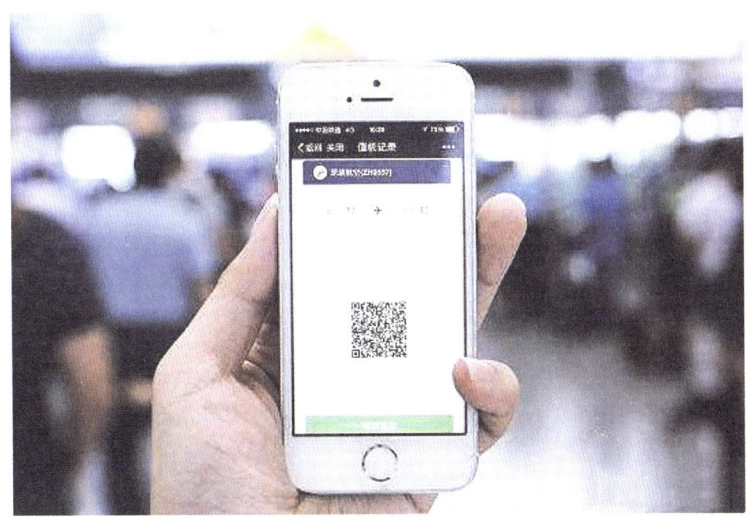

图 5 - 10　电子登机牌

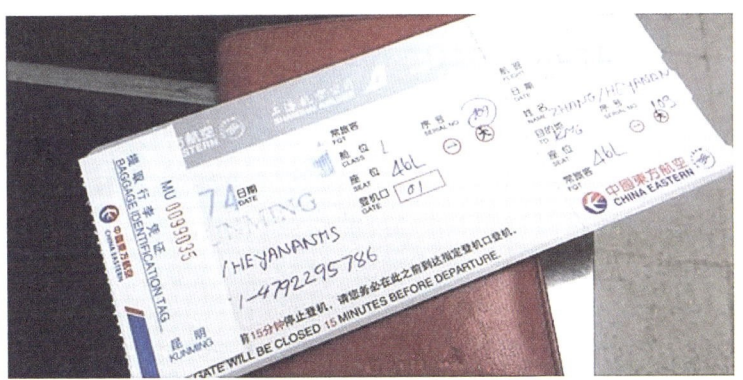

图 5 - 11　手写登机牌

　　电子登机牌（Electric Boarding Pass）是旅客通过网上值机、短信值机获取的一条彩信，内容包含二维码、乘客的姓名、航班号、登机口和座位号等。旅客可以在已开通电子登机牌服务的机场使用手机二维码过安检、登机口。

第三节　查验客票和座位安排

一、查验客票

　　查验客票，是检查旅客所持客票的合法性、有效性、真实性和正确性。
　　客票查验的内容如下：

（1）办理乘机手续应首先查验旅客有效乘机证件上的姓名与客票或与离港系统里电子客票票面信息上的旅客姓名一致，如果不一致可以拒绝办理。

（2）客票查验需要核对旅客姓名、航班号、航段、日期、票价、订座情况等信息及各种代号使用是否正确。客票所接受的运输有效航班、承运人必须与实际承运的航段和承运人一致。

（3）查验客票的有效期，客票的有效期为一年，旅客必须在客票有效期内完成客票上的全部航程。

（4）客票的舱位等级是否正确。

（5）客票的订座状况应为"OK"，电子客票的状态显示为"OPEN FOR USE"。

（6）如客票上注明特殊服务（例如 VIP、UM），应按照航空公司规定安排座位和提供服务。

（7）客票上的其他内容，应符合航空公司的相关规定。

二、座位安排

安排座位是办理乘机手续中的一项重要工作，安排好旅客座位并使其满意，不仅可以提高对旅客的服务质量，而且能有计划地安排飞机的载重平衡，保证飞行安全。

（一）座位安排的基本要求

（1）旅客座位的安排，应符合飞机载重平衡要求，尽量将旅客座位平均分布。

（2）根据先到先得原则，最先办理乘机手续的旅客，优先挑选座位。

（3）团体、家庭的旅客尽量安排在一起。

（4）需要特殊照顾的旅客，应尽量安排在方便入座、靠近乘务员的位置。

（5）VIP 旅客应提前预留相应的座位。

（6）紧急出口座位应该严格按照规定发放。

（7）犯人旅客应安排在离一般旅客较远、不靠近紧急出口和不靠窗的座位，一般在客舱的尾部。

（8）担架旅客需安排在客舱的尾部。

（二）紧急出口座位

1. 安排在紧急出口座位的旅客应具备的条件

（1）确定紧急出口的位置。

（2）能认出紧急出口开启机构。

（3）理解紧急出口的操作指示。

（4）能够在紧急情况下协助客舱乘务员打开紧急出口，疏散乘客。

（5）能够在紧急撤离时，遵循机组成员给予的口令和手势指示。

（6）如果是国际航班，还要求会相应的外语。

2. 不符合紧急出口座位就座的情况

不符合紧急出口座位就座的情况包括轮椅旅客、孕妇、携带婴儿的旅客、担架旅客、无成人陪同儿童、未成年的青少年旅客等。同时，不具备以下能力的旅客也不应该安排在紧急出口就座：

（1）未成年人。

（2）缺乏阅读和理解有关紧急撤离指示的文字或图表的旅客。

（3）缺乏理解机组人员口头命令能力的旅客。

（4）视力、听力和口头传达能力较差的旅客。

（5）因为体力欠佳不能打开紧急出口或无法协助机组人员的旅客。

（三）具体发放规定

（1）值机人员应将紧急出口座位的旅客须知卡摆放在值机柜台前显著位置，以便让旅客阅读。

（2）航班在不需要占用紧急出口座位时，不得将旅客安排在出口座位；如需使用紧急出口或旅客提出申请需要占用紧急出口座位时，应安排有能力的旅客在紧急出口座位就座。

（3）在办理紧急出口座位乘机手续时，必须用明确的语言询问旅客是否愿意履行紧急出口座位须知卡上列明的职责。

（四）更换紧急出口座位的规定

如果旅客有以下情况，必须更换紧急出口座位所坐乘客。

（1）自认体力和健康状况不佳。

（2）缺乏在紧急情况下处事的勇气和能力。

（3）不愿救助他人。

（4）不明白本须知的内容。

相关链接：

飞机上的紧急出口位置一般是经济舱座位中最宽敞的位置，坐在这一排更舒适，所以许多经常坐飞机的旅客会选择紧急出口的位置。但是，并不是所有旅客都可以选择飞机上的紧急出口座位，如视力有障碍、听力受损、语言有障碍、体力欠佳、不能理解安全须知的内容以及所承担着的责任的旅客，还有带着小孩的旅客或者未成年人等，这些旅客都不能在乘机时选择紧急出口座位。

紧急出口是飞机在遇到紧急情况下的逃生通道，是非常重要的，坐着这个座位的旅客必须严格遵守相关规定，不能在起飞、降落时放置任何行李或者随身物品在紧急出口的座位上，任何行李小件物品都有可能成为逃生时的障碍物，即使旅客把行李物品抱在身上也是不允许的，这个位置绝对不允许有一点儿安全隐患。

飞机在地面移动之前，紧急出口处于解除预位的状态，当乘务长下达预位的指令时，乘务员会将紧急出口的门预位，这时候这扇门就处于待命的状态。在正常情况下旅客绝对不可以触碰此门。在紧急情况下，听从乘务员的安排和指令才可以打开紧急出口的门。如果没有其指令，旅客随意把门开了，是要负法律责任的。有过多次相关的新闻报道，旅客因为好奇而在飞机上打开了紧急出口的门，最终被警察带走，受到了相应的法律制裁。

知识拓展：

机场自助值机、网上值机、手机值机、短信值机……科学技术的快速发展使值机方式越来越多样化，更让许多旅客乘机时不用去机场值机柜台感受拥挤不堪的等待。但在采取新型值机方式时，有些旅客会发现，在机场自助值机的屏幕上或者网上值机选座位时，很多座位都已被锁定，可选择的座位很少；有些座位明明显示已被选定，但进入客舱后会发现，其中一些座位实际上并没有旅客乘坐。这是什么原因呢？

航空公司给出的解释是，任何物体都有重心，飞机也一样。飞机的重心控制在安全范围内才可以进行起飞和降落。如何控制飞机的重心，这就需要航空公司的航班配载员对飞机客舱的座位安排进行合理控制，即根据各类飞机的平衡特性，对座位进行合理地锁放。当飞机重心靠前的时候，锁住飞机前排的座位，放开飞机后排的座位；当飞机重心靠后的时候，锁住飞机后排的座位，放开飞机前排的座位；当旅客人数非常少的时候，就要对座位进行精确地控制，对座位进行大面积地锁放。因为飞机重心会随着旅客座位的安排而变动，所以航班配载员要时刻对飞机座位的选取情况进行监控，对飞机前后排的座位进行不停地锁放。

因此，旅客在乘坐飞机时应坐在指定的座位上，不应随意更换座位，大面积更换座位会改变飞机的配载平衡，使飞机重心的位置发生变化，严重影响飞行安全。2010年，刚果的一架小型飞机因为客舱内突然出现一只鳄鱼，旅客乱作一团争相躲避，许多旅客试图闯入飞机驾驶舱，机上的突然混乱导致飞机失去平衡而最终坠毁。

旅客在办理乘机手续时，值机员发放座位是按照机型座位布局和平衡的要求逐级进行的。因此，在常规情况下，座位会随机自动按空缺合理分配。

（来源：中国民航网）

第四节　收运行李

一、行李运输一般规定

行李是指旅客在旅行中为了穿着、使用、舒适或者便利而携带的必要或适量的物品和其他的个人财务。

（一）行李的分类

托运行李：交由承运人称重并在货舱里运输的行李，应拴挂行李识别标签，并在运输期间由承运人负责照管。

自理行李：经承运人同意，在旅行期间包括经停站停留期间由旅客自己照管和负责的行李。

免费随身携带物品：在承运人限定品种和数量范围内经同意，在旅行期间包括经停站停留期间，由旅客自行携带乘机的小件物品。例如：①一件大衣、披肩或毯子；②一把雨伞或手杖；③一个小型照相机；④一副双筒望远镜；⑤旅行用阅读读物；⑥手提包或手提袋；⑦婴儿及儿童类用品；⑧一个可折叠的轻便婴儿车或推车。

（二）行李的规格

托运行李：重量每件不能超过50公斤，体积不能超过40厘米×60厘米×100厘米，超过上述规定的行李，须事先征得承运人的同意才能托运。

自理行李：重量不能超过10公斤，体积每件不超过20厘米×40厘米×55厘米。

随身携带物品：每位旅客以5公斤为限。持头等舱客票的旅客，每人可随身携带两件物品；持公务舱或经济舱客票的旅客，每人只能随身携带一件物品。每件随身携带物品的体积均不得超过20厘米×40厘米×55厘米。超过上述重量、件数或体积限制的随身携带物品，应作为托运行李托运。

（三）可视作行李的物品

三边之和不超过158厘米（62英寸）、可视作行李的物品包括：①睡袋或铺盖卷。②帆布背包、背囊等。③滑雪板/滑雪设施，包含一对滑雪橇/一副滑雪板和滑雪杆的滑雪背包，包含一双滑雪靴的足袋。④高尔夫用具，包含高尔夫球棒和一双高尔夫球鞋的高尔夫袋。⑤桶形袋或22型袋。⑥自行车，单座旅行自行车或赛车，非机动型，包装符合规定，手把旋向两边，脚踏板卸下。⑦标准滑水板、尾波板或一对标准滑水橇。⑧钓鱼用具，经过适当包装，其数量不超过两副钓竿、一副卷轴、一副抄网、一双钓鱼靴和一个工具盒。⑨运动枪支，一个步枪盒，内装步枪不超过两支、火药不超过5公斤（11磅）、一个射击垫、一个消音器和一件小型步枪工具，或两支散弹猎枪和两个散弹猎枪盒，或一只手枪盒，包含5把以内手枪、5公斤（11磅）火药、消音器、一部手枪望远镜和一件小型手枪工具。此类火器的可接受性视携带者的具体情况而定。⑩长度不超过100厘米（39英寸）的乐器。

（四）免费行李额

每位旅客的免费行李额（包括托运和自理行李）：持成人票或儿童票的头等舱旅客为40公斤，公务舱旅客为30公斤，经济舱旅客为20公斤。持婴儿票的旅客，无免费行李额。

搭乘同一航班前往同一目的地的两个以上的同行旅客，如在同一时间、同一地点办理行李托运手续，其免费行李额可以按照各自的客票价等级标准合并计算。

构成国际运输的国内航段，每位旅客的免费行李额按适用的国际航线免费行李额计算。

（五）逾重行李

如果旅客托运行李超过客票所规定的免费行李额，并在其所乘飞机载量允许的情况下，须交纳逾重行李费，并填开逾重行李票，行李应与旅客同机运送。国内航班逾重行李每公斤按经济舱票价的 1.5% 计算。国际航班逾重行李费率和计算方法按各航空公司规定办理。

（六）行李的包装要求

托运行李必须包装完善、锁扣完好、捆扎牢固，能承受一定的压力，能够在正常的操作条件下安全装卸和运输，并应符合下列条件，否则，承运人可以拒绝收运：①必须用箱子或类似容器适当包装，以保证在正常操作中安全运输。②旅行箱、旅行袋和手提包等必须加锁；如锁失效，用结实带子捆扎起来使其不要开口从中掉出东西来。③两件独立包装的行李不能捆扎在一起交运。④行李上不能附插其他物品，竹篮、网兜、草绳不能作为行李外包装物收运。⑤如有需要，行李上应写明旅客的姓名、详细地址、电话号码。

二、特殊行李运输

（一）限制运输的行李物品

限制运输物品是指旅客携带的某些行李物品，有可能危害飞行安全或超出承运人的运输规定，这些限制物品须符合包装、数量、运输条件、收费规则等限制条件和一些必要措施，或者在特定的情况下，经过承运人允许可以承运。但旅客如没有或拒绝遵守航空公司限制运输条件，航空公司有权拒绝接受该行李的运输。主要包括：①精密仪器、电器。如果包装妥善，可以作为托运行李运输，但是重量不得计算在免费行李额内。②体育运动用器械，包括体育运动用枪支和弹药。③干冰、含酒精饮料。旅客旅行途中所需要的烟具、药品或化妆品等。④外交信袋、机要文件。⑤鲜活易腐物品。⑥旅行用电动轮椅。⑦航空公司规定的小动物、导盲犬和助听犬。⑧管制刀具外利器、钝器。

（二）不得作为托运行李运输的物品

如果发现行李中装有以下物品，承运人有权拒绝接收行李作为托运行李运输；如放在托运行李内丢失或损坏，按照一般托运行李承担赔偿责任。①重要文件和资料，外交信袋，以及其他需要专人照管的物品；②现金、货币、证券、汇票和商业文件；③珠宝等贵重物品和古玩字画；④易碎或已损坏物品；⑤易腐物品；⑥样品；⑦旅行证件、医疗证明、X光片；⑧锂电池、充电宝等；⑨个人需定时服用的药品；⑩其他需要专人照管的物品。

（三）不得作为行李运输的物品

中国民航总局规定的不能在航空器载运和国家规定的禁运物品不得作为行李运输物品。即为了保障民用飞机和旅客生命财产的安全，除了特别允许外，严禁旅客随身携带或在托运行李中夹带下列物品：①爆炸品（如烟花、鞭炮、弹药）；②气体（如压缩气体、催泪瓦斯）；③易燃液体（如酒精、油漆等）；④氧化剂和有机过氧化物（双氧水）；⑤易燃固体和自燃物质（如镁粉、白磷）；⑥毒性物质和传染性物质（海洛因）；⑦放射性物质（放射性同位素）；⑧腐蚀性物质（酸、碱、水银）；⑨杂项危险品（如磁铁）；⑩毒品；⑪枪支、军械、警械；⑫易污损飞机物品；⑬麻醉、令人不快气味物质；⑭活体动物；⑮其他禁运物品。

（四）常见特殊行李运输程序

1. 小动物

小动物是指家庭饲养的猫、狗或其他小动物。体形过小或过大的动物，或野生动物，或易于伤人的动物都不能作为行李运输。旅客携带的小动物，除经承运人特许外，一律不能放在客舱内运输。

旅客必须在订座或购票时提出申请，经承运人同意后方可托运。旅客携带的小动物必须是健康、无害、干净、无异味的，不能携带怀孕的小动物，需出示动物检疫合格证明。旅客应在乘机的当日，按承运人指定的时间，将小动物自行送到机场办理托运手续。小动物被拒绝入境或过境而造成的受伤、丢失、延误、患病或死亡，航空公司不承担责任。

装运小动物的容器应符合下列要求：①个别小型飞机装载小动物总数不得超过三件，具体应根据相关机型限制条件确定，每名旅客只可托运一只小动物或一对鸟类；②每只托运的小动物应单独装一个笼（见图5-12），一对小鸟可装入同一笼内；③包装应牢固，能防止小动物破坏、逃逸；保证空气流通；保证小动物适当活动；防止粪便渗溢，污染飞机（图5-13）；④小动物及其容器和携带的食物的重量，不得计算在免费行李额内，应按逾重行李交付运费。

2. 自行车

（1）应作为货物运输。如作为行李运输，应事先征得航空公司同意。

（2）如按托运行李运输，托运前应旋转自行车车把90°并固定，将车轮卸下，轮胎放气，牢固捆绑在车身上。

（3）自行车重量可以计入旅客免费行李额内。

图 5-12　托运的小动物单独装笼

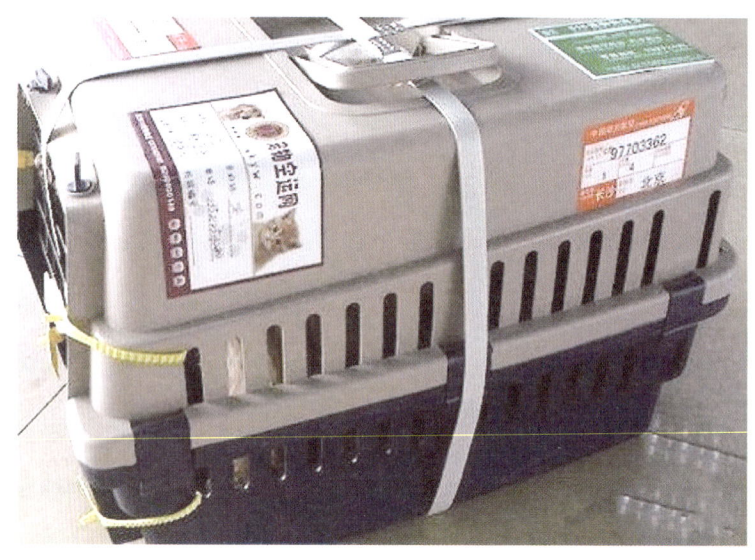

图 5-13　装运小动物的容器

3. 外交信袋

外交信袋是指一国外交部与其本国驻外代表机构之间作为货物运送的装有公务文件的信袋。

（1）外交信袋应由外交信使随身携带，自行照管。根据外交信使的要求，承运人也可以按照托运行李办理，但承运人只承担一般托运行李的责任。

（2）外交信使携带的外交信袋和行李，可以合并计重或计件，超过免费行李额部分，按照逾重行李的规定办理。

（3）外交信袋运输需要占用座位时，必须在订座时提出，并经承运人同意。

（4）外交信袋占用每一座位的重量限额为 75 公斤，每件体积和重量的限制与行李相同。

（5）占用座位的外交信袋没有免费行李额，运费按下列两种办法计算，取其高者：①根据占用座位的外交信袋实际重量，按照逾重行李费率计算运费；②根据占用座位的外交信袋占用的座位数，按照运输起讫地点之间，与该外交信使所持客票票价级别相同的票价计算运费。

4. 精密仪器、电子产品及精密设备

精密仪器、电子产品及精密设备，例如音响、洗衣机、电冰箱、计算机、录音机等应作为托运行李托运，在托运时应具有出厂包装或符合航空公司要求的包装。

这类物品重量不得计算在免费行李额之内，应作为超重行李收取费用。承运人将根据托运行李的政策规定对此类物品承担责任。

5. 体育运动设施

体育用枪支与弹药应作为托运行李托运，托运时必须出具有关部门发放的运输证明，并与证明一起托运。

此类物品应上锁并分别包装，并在托运前获得航空公司的托运批准。

每位乘客可托运弹药限额为 5 公斤。此类物品不在免费托运行李之列，应作为超重行李收取费用。

运输枪支与弹药的乘客应在启程前 90 分钟内完成所有检查手续。

6. 折叠式轮椅或电动轮椅

折叠式轮椅和电动轮椅均作为托运行李托运。两者均属于免费托运行李，不计算在免费托运行李限额内。如果乘客在办理登机手续过程中需要使用轮椅，在经过航空公司允许后，轮椅在旅客登机时在登机口交运。

电动轮椅在托运时，其包装应该符合下列要求。①带有防漏型电池的轮椅：确保电池不发生短路且安全地安装在轮椅上。②装有非防漏型电池的轮椅：电池不能安装在轮椅上，并应带有保护性包装。包装应该具有防漏功能，并且用绑扎带、固定架或支架将其固定在集装板上或货舱内。确保电池不发生短路，并且周围用合适的吸附材料填满，以吸收任何泄漏液体。③包装上应该标有"BATTERY, WET, WHEELCHAIR"（轮椅用电池、潮湿）或"BATTERY, WET, WITH MOBILITY AID"（代步工具用电池、潮湿）字样，并加贴"CORROSIVE"（腐蚀性）标签和"UPWARD"（向上）标签。

三、行李收运的程序

（1）值机人员主动询问旅客有无需要托运的行李，见图 5-14。提醒旅客可携带一件手提行李，超重、超大、超件的行李要办理托运。

（2）了解有无限制或禁止运输的行李。值机人员向旅客了解行李内有无禁运品、违法物品或危险品，了解是否有易碎易损、贵重物品或不能作为托运行李运输的物品。

（3）值机人员需检查托运行李的包装是否符合要求。托运的行李必须包装完善、锁扣完好，能承受一定的压力，能够在正常的操作条件下安全装卸和运输，并符合相应条件，否则可以拒绝收运。如旅客交运行李包装不符合要求，仍要求交运，值机人员应拴挂"免除责任行李牌"在其行李上，并在"免除责任行李牌"上对行李所属问题划勾。

（4）将行李过称，检查体积、重量、大小是否符合要求。如果行李超重，应告知旅客超重重量以及收费标准和缴费窗口。待旅客完成缴费之后，才可收运该行李。

（5）将行李拴好行李条，过安全检查。

（6）机场安检人员通过仪器检查旅客的每一件托运行李。如发现可疑行李，可要求旅客开箱检查，经安全检查后的行李，符合安全要求的，由安检人员贴上安全检查封条，允许托运。

图5-14　值机人员为旅客办理行李托运手续

四、违章行李

旅客的托运行李、自理行李和随身携带物品中，凡夹带国家规定的禁运物品、限制携带物品或危险物品等，其整件行李称为违章行李。对违章行李的处理规定如下：

（1）在始发地发现违章行李，应拒绝收运；如已承运，应取消运输，或将违章夹带物品取出后运输，已收逾重行李费不退。

（2）在经停地发现违章行李，应立即停运，已收逾重行李费不退。

（3）对违章行李中夹带的国家规定的禁运物品、限制携带物品或危险物品，交有关部门处理。

知识拓展：

中国民航总局关于限制携带液态物品乘坐民航飞机的公告

为确保航空安全，参照国际民航组织的标准，中国民用航空总局决定限制携带液态物品乘坐民航飞机。

一、乘坐中国国内航班的旅客，每人每次可随身携带总量不超过1升（L）的液态物品（不含酒类），超出部分必须交运。液态物品须开瓶检查确认无疑后，方可携带。

二、乘坐从中国境内机场始发的国际、地区航班的旅客，其携带的液态物品每件容积不得超过100毫升（ml）。

盛放液态物品的容器，应置于最大容积不超过1升（L）的、可重新封口的透明塑料袋中。每名旅客每次仅允许携带一个透明塑料袋，超出部分应交运。

盛装液态物品的透明塑料袋应单独接受安全检查。

需在国外、境外机场转机的由中国境内机场始发的国际、地区航班旅客，在候机楼免税店或机上购买液态物品，应保留购物凭证以备查验。所购物品应盛放在封口的透明塑料袋中，且不得自行拆封。国外、境外机场对携带免税液态物品有特殊规定的，从其规定。

来自境外需在中国境内机场转乘国际、地区航班的旅客，携带液态物品，适用本条规定。其携带入境的免税液态物品应盛放在袋体完好无损、封口的透明塑料袋中，并须出示购物凭证。

三、在中国境内乘坐民航班机，酒类物品不得随身携带，但可作为托运行李交运。酒类物品的包装应符合民航运输有关规定。

四、有婴儿随行的旅客携带液态乳制品，糖尿病或其他疾病患者携带必需的液态药品，经安全检查确认无疑后，可适量携带。

五、旅客因违反上述规定造成误机等后果的，责任自负。

知识拓展：

旅客行李中锂电池的运输规定

根据国际民航组织《危险物品安全航空运输技术细则》（2011—2012年版）规定，旅客或机组成员为个人自用内含锂或锂离子电池芯或电池的便携式电子装置（手表、计算器、照相机、手机、手提电脑、便携式摄像机等）应作为手提行李携带登机，并且锂金属电池的锂含量不得超过2克，锂离子电池的额定能量值不得超过100Wh（瓦特小时），超过100Wh但不超过160Wh的，经航空公司批准后可以装在交运行李或手提行李中的设备上，超过160Wh的锂电池严禁携带。

便携式电子装置的备用电池必须单个做好保护以防短路（放入原零售包装或以其他方式将电极绝缘，如在暴露的电极上贴胶带，或将每个电池放入单独的塑料袋或保护盒当中），并且仅能在手提行李中携带，经航空公司批准的 100～160Wh 的备用锂电池只能携带两个。

五、行李的延误、损坏或丢失

行李运输发生延误、丢失或损坏，该航班经停地或目的地的承运人或其代理人应会同旅客填写《行李运输事故记录》，尽快查明情况和原因，并将调查结果答复旅客和有关单位。如发生行李赔偿，在经停地或目的地办理，航空公司会尽力为旅客提供帮助。

因承运人原因使旅客的托运行李未能与旅客同机到达，造成旅客旅途生活的不便，在经停地或目的地应给予旅客适当的临时生活用品补偿费。

行李丢失、破损或内物丢失可向航空公司申请赔偿。除办理声明价值的行李外，行李赔偿的最高限额为：国内航线每位旅客为每公斤 100 元人民币，国际航线按照《蒙特利尔公约》相关规定处理。如果旅客的物品折余价值低于最大限额，将得到按较低价值支付的赔偿。已收逾重行李费须退还旅客。

旅客的托运行李丢失或损坏，应按法定时限向承运人或其代理人提出赔偿要求，并随附客票（或影印件）、行李牌的识别联、《行李运输事故记录》、证明行李内容和价格的凭证以及其他有关的证明。

旅客随身携带物品，其保管责任由旅客本人承担。除能证明确是航空公司责任外，不予赔偿。

（一）行李的延误

1. 始发站延误

在始发站延误运送行李，应将行李编号进行登记。在旅客到达目的地站之前，如未确定运送行李的后续航班，应拍发电报，将行李延误信息通知旅客的到达站，电报内容应包括旅客乘坐航班、延误行李的件数和行李牌号码。已经安排延误行李运送航班的，拍发行李运送电报给行李的目的地站。

因为行李牌脱落，无法确定行李目的地而造成延误的，应向当日从本站始发的与该航班办理乘机手续时行李分拣地点相同、时间段交叉的有关航班的经停站和目的地站拍发多收行李电报查询，在得到有关站的电报确认后，再将行李运出。

2. 目的地延误

（1）目的地站发现有旅客行李未到，应将收到外站延误行李的电报做好记录，并根据情况将信息通报给旅客。

（2）收到延误行李后，将行李收入行李库房保管，并按少收行李到达办理交付。

（3）收到延误行李运送信息，但航班到达并未收到行李，应向始发站询问。

（4）未收到外站迟运信息但收到了行李，则按多收行李处理。

（二）行李的破损

行李破损是指旅客的托运行李在运输过程中，外部受到损伤或受到污染，因而使行李的外包装或内装物品可能或已经遭受损失。

（1）旅客提取行李时，声明行李破损，地面工作人员应该检查行李外包装和内装物品的损坏情况，并查看是否拴挂有"免除责任行李牌"。

（2）如确认因为承运人造成行李破损的，应让旅客填写"行李运输事故记录"，并进行赔偿。

（3）行李损坏时，按照行李降低的价值赔偿或负担修理费用。

（三）行李丢失

（1）旅客丢失行李的重量按实际托运行李的重量计算，无法确定重量时，每一旅客的丢失行李最多只能按该旅客享受的免费行李额赔偿。

（2）旅客的丢失行李如已办理行李声明价值，应按声明的价值赔偿，声明价值附加费不退。行李的声明价值高于实际价值时，应按实际价值赔偿。

（3）由于发生在上、下航空器期间或航空器上的事件造成旅客的自理行李和随身携带物品丢失，承运人承担的最高赔偿金额为每位旅客 2 000 元。

（4）已赔偿的旅客丢失行李找到后，承运人应迅速通知旅客领取，旅客应将自己的行李领回，退回全部赔款。临时生活用品补偿费不退。发现旅客有明显的欺诈行为，承运人有权追回全部赔款。

知识拓展：

托运行李在航空运输中被称为"不会说话的旅客"，旅客在值机柜台办理行李托运之后，值机的工作人员会打出一个长长的行李票，然后贴在行李上，随后行李就被传送带送走。通常都会有很多旅客投诉，到达目的地之后，找不到自己的托运行李，托运行李丢了或者被延迟送达了。那这些不会说话的旅客在被贴上行李票之后都去了哪儿呢？

简单来说，行李贴好了行李票之后，会过一道安检，这道安检是在查行李里有没有不能托运的东西，例如，装有锂电池的设备（包括手机、相机、电脑、充电宝）、易燃易爆物品、管制刀具等，国际行李还要通过海关，确定它是安全的。

过了安检之后，行李会通过传送带运到分拣中心，分拣中心像一个大工厂，在分拣口，有一个可在行李 5 面识别的扫码仪，扫码仪在识别到这个行李的条码后将它通过传送带运到指定的区域，航空公司的地面工作人员会把同一航班的所有行李装车拉到飞机停放处，将行李装运上飞机。如果旅客的行李箱上条码太多，扫码仪就会很容易识别错，那么旅客的行李就容易运送到错误的区域，或者仍待在机场里。如果旅客的行李不能直接识别跟踪，工作人员会把它分拣到人工区，会有专门的地服人员进行人工扫码（见图 5-15）。但是如果行李票掉了，或者破损了，行李就有可能丢失。

　　有些旅客喜欢攒行李上的小标签，不愿意摘除，这有可能会让行李系统无法正常识别而造成行李的丢失或延误。所以旅客在每次托运行李时，要清理一下之前的行李条形码，防止扫码出错。同时，也可以将有效的联系方式固定在行李上，当出现异常时，航空公司可以快速联系到旅客。

图5-15　地服人员将行李装机

　　国际民航组织以及航空公司都会建议最好不要托运装有贵重物品的行李；一些形状不规则的行李也一定要送到超大件行李托运处托运。因为航空运输险行李的保险额度并不高，高价值的物品如果丢失的话也只能按照保险规定的额度索赔。

第五节　安全检查和值机

一、安全检查

　　（1）根据国家有关规定，在旅客乘机前，应对旅客人身及其携带的物品进行安全检查（图5-16）。

　　（2）如果旅客拒绝接受安全检查，航空公司应拒绝承运。

　　（3）安检时，应向安检人员出示登机牌和有效身份证件，旅客随身携带的所有物品必须接受安检部门的检查。

　　（4）在检查中，发现有危及安全的旅客和物品，应按照国家相关规定处理。

　　（5）为了保证航空安全，特殊情况下可以实施安检特别工作方案，一些机场可能要求旅客脱下皮带、鞋子、照相机、移动电话、随身携带的玩具等接受检查，如发现可疑物品时采用开箱（包）检查的方式，必要时也可以随时抽查。旅客有责任及义务配合安检部门的检查。图5-17为机场安检情况。

图 5 – 16　机场安检人员为旅客做安全检查

图 5 – 17　机场安检

二、值机

（一）值机服务柜台的种类

（1）普通旅客柜台。任何旅客在指定的普通值机柜台都可以办理乘机、托运手续。

（2）贵宾柜台。专为 VIP、头等舱、商务舱旅客或者持有该航空公司白金卡/金卡的旅客开设的值机服务柜台（见图 5 – 18）。

（3）会员专柜。此柜台为通过各个航空公司特别会员服务方式订票的旅客提供在机场的取票服务（图 5 – 19），或提供大客户贵宾的乘机优质服务；还为旅客办理各航

图 5 - 18　机场贵宾柜台

空公司俱乐部的现场入会手续，为持有会员卡的旅客提供查询里程、旅程补登、制卡等服务。

图 5 - 19　机场会员专柜

　　（4）特殊旅客服务柜台。此柜台专为有特殊需要的旅客（如无成人陪伴儿童、孕妇、伤残旅客等）提供方便、快捷的值机服务，尽可能满足每一位旅客的特殊需求（图 5 - 20）。

图 5 - 20　机场特殊旅客服务柜台

（5）团体旅客柜台。此柜台专门为团体旅客办理乘机手续服务（图 5 - 21）。

图 5 - 21　机场团体旅客柜台

（二）值机服务的时间要求

1. 机场开始和截止办理值机手续时间

（1）关于值机柜台开放时间，在《公共航空运输服务规则》中明确规定，100 座以下飞机开始办理乘机手续的时间不迟于起飞前 60 分钟、100 座以上飞机不迟于起飞前 90 分钟、200 座以上的不迟于起飞前 120 分钟。

国内大多数机场和航空公司一般都规定不晚于航班预计起飞前 90 分钟开放值机柜台办理手续。国内航班一般会在航班预计起飞前 90 分钟至 2 小时开放柜台办理值机；国际航班会在航班预计起飞前 3 ~ 4 小时开始办理值机。旅客应该在航空公司规定的时间内到达机场，凭本人有效身份证件办理值机手续。

（2）关于值机柜台关闭时间，各个航空公司和机场在实际执行中会有不同的规定。但为了保证航班正常起飞，目前国内主要机场对于国内航班关闭值机柜台时间基本都由过去的计划起飞前 30 分钟提前到了计划起飞前 40 ~ 45 分钟，国际航班一般规定关闭时间在航班预计起飞前 60 ~ 75 分钟。个别航空公司有特殊规定除外。

（3）航空公司规定的停止办理乘机手续的时间，应以适当方式告知旅客。

思考：

为什么值机柜台关闭的时间要提前至计划起飞前 40 ~ 45 分钟？

近年来，随着国内安检不断升级、旅客数量的增长，排队安检所耗费的时间也越来越长。大多数机场将值机柜台关闭的时间从过去的飞机起飞前 30 分钟提前到了计划起飞前 40 ~ 45 分钟，这可以让旅客拥有更多过安检时间，确保能及时赶到登机口，避免误机。

另外，停止办理乘机手续、航班截载后的 40 分钟，机场与航空公司需要完成一系列航班起飞前的服务保障工作，诸如旅客登机、行李装运、餐食配送、廊桥/客梯车撤离、载重平衡计算等，这些都需要机场与航空公司在航班起飞前完成。

载重平衡是航班截载后的重要工作，是涉及飞行安全的重要环节。飞机重心如果不在安全范围内，将导致飞机失去平衡，发生安全事故。让飞机载重平衡需要机场及航空公司做这些事：载重平衡部门需要根据实际乘机人数、行李件数及重量、货邮件数及重量、燃油重量等进行载重平衡的计算，并得出平衡图，货运部门则需要根据载重平衡图进行货、邮、行的装运工作。这些工作都需要耗费一定的时间，同时也需要一个截止时间，明确人数、行李和货邮的重量。

所有的准备工作完毕，机长才能跟塔台申请起飞时间，一旦某一环节发生耽搁，其他环节也要受影响，导致更长时间的延误。因此，值机柜台关闭的时间提前也可保障这一系列流程顺利进行。

2. 网上值机开放和截止时间

网上值机开放时间根据航空公司的相关规定，不同航空公司对于开放和截止时间有所不同。一般会在航班起飞前 24 小时开放网上值机，起飞前 2 小时禁止办理。详情应以各航空公司网站公布的信息为准。

○○○⇒ **思考题**

1. 简述值机服务的工作程序。

2. 民航限制运输的范围包括哪些旅客？

3. 请写出查验客票的几个重点。

4. 对于托运行李的包装有哪些具体要求？

5. 分小组情景模拟

（1）一位旅客在值机柜台办理行李托运手续，你发现他的行李超过了免费托运行李额 2KG，你会如何告诉旅客他需要缴纳逾重行李费？如果旅客有情绪，你将如何处理？

（2）一位旅客在值机柜台向你要求乘坐紧急出口的座位，并告知因为他腿部受伤，需要坐在宽敞的位置，你该如何处理？

（3）一位旅客办理乘机手续时，想托运一只宠物猫，请问你该如何处理？

6. 案例分析

一位旅客在机场办理托运行李，值机人员忘记给行李拴挂行李牌，当旅客向值机人员提出质疑时，该工作人员告诉旅客已经拴挂了，叫他不要担心，并且告诉旅客只要认识自己的行李，到目的地站后便可将其取走。旅客到达目的地机场却没有找到自己的托运行李，经与航空公司查询得知，因"行李牌脱落"，行李尚在始发地机场的行李库房内未发出。对此，旅客要求对行李延误到达而造成的损失给予补偿。

第六章 机场安全检查服务

 **学习目标**

了解机场安检工作的流程

了解机场安检人员的工作流程

了解机场安检的各项规章制度

了解机场安全保卫的工作流程

第一节 机场安检工作机构和人员

一、机场安检机构

(一) 安检部门的设立

设立安检部门应当经中国民用航空局审核同意,并颁发"民用航空安全检查许可证",民航地区管理局在民航局授权范围内行使审核权。未取得"民用航空安全检查许可证",任何部门或者个人不得从事安检工作。

(二) 设立安检部门申请

申请设立安检部门的单位应当向民航局提出书面申请,并附书面材料证明具有下列条件:①有经过培训并持有"安检人员岗位证书"的人员,且其配置数量符合《民用航空安检人员定员定额标准》。②有从事安检工作所必需的民航局认可的仪器、设备。③有符合《民用航空运输机场安全保卫设施建设标准》的工作场地。④有根据《中国民用航空安全检查规则》和《民用航空安全检查工作手册》制定的安检工作制度。⑤民航局要求的其他条件。

(三) 安全检查仪器

安检部门使用的安全检查仪器应当经由民航局公安部门会同有关部门检测。经检测合格后,凭发给的《使用合格证》方可使用。

民航局公安部门、民航地区管理局公安部门，或经委托的其他民航公安机关，应当会同有关部门定期对安全检查仪器的射线泄露剂量进行检测，检测次数每年不少于一次。

二、机场安检人员

（一）从事安检工作的条件

从事安检工作的人员应当符合以下条件：①遵纪守法，作风正派，品质良好。②未受过少年管教、劳动教养或刑事处分。③具有高中以上文化程度，志愿从事安检工作。④年龄不得超过25岁。⑤身体健康，五官端正，男性身高在1.65米以上，女性身高在1.60米以上；无残疾，无重听，无口吃，无色盲、色弱，矫正视力在5.0以上。

最新《中国民航安全检查规则》规定：民航安全检查员必须符合《民航安全检查员国家职业标准》的规定、符合《民用航空背景调查规定》的要求、符合《国家民用航空安全检查培训管理规定》的要求、符合民航局的其他要求。无故意犯罪纪录，未受过收容教养、强制戒毒、劳动教养，近三年未违反《治安管理处罚法》受过行政拘留，未参加过国家禁止的组织及其活动，近三年的现实表现良好，配偶、父母未因危害国家安全罪受过刑事处罚，无可能危害民用航空安全的其他情形。

（二）岗位证书制度

民航安检人员实行国家职业资格准入制度。没有取得民航安全检查员国家职业资格等级证书的，不可从事民航安检工作。对不合适继续从事安检工作的人员，应当及时调离或辞退。

安检人员执勤时应当着民航安检制式服装，佩戴民航安检专门标志，服装样式和标志由民航局统一规定。

安检人员执勤时应当遵守民航安检职业道德规范和各项工作制度，不得从事与民航安检工作岗位无关的活动。

（三）劳动保护

在高温、高寒、高噪音条件下从事工作的安检人员，享受相应的补贴、津贴和劳动保护。在X射线区域工作的安检人员应当得到以下健康保护：①每年到指定医院进行体检并建立健康档案。②每年享有不少于两周的疗养假期。③按民航局规定发放工种补助费。④女工怀孕和哺乳期间应当合理安排工作，避免在X射线区域工作。⑤X射线安全检查仪操作检查员连续操作工作时间不得超过30分钟，再次操作X射线安检仪间隔时间不得少于30分钟。

三、教育培训

安检部门应当按照民航局制定的《民用航空安检业务培训大纲》，制定本单位业务培训计划，开展在职、在岗、脱产、半脱产等形式和站、科、班多层次的业务训练。

持有岗位证书的安检人员应当接受岗位考核复查，考核前持证者应当至少接受一次培训。

新招收的安检人员上岗前，应当接受不少于 160 学时的空防安全、安检规章、勤务技能、职业道德、礼仪和外事常识以及军事技能等有关知识、技能的培训。经考试合格的，方可成为见习检查员。

见习检查员见习期为一年，见习期满经考试合格后，按照民航局规定颁发上岗证书。

安检人员实施职业技能等级标准。根据安检人员业务、技能水平和学历、工龄等，评定技能等级，确定待遇。

民航局在航空安全奖励基金中列出专项，用于奖励在安检工作中成绩突出的单位和个人。

在安检工作中有下列表现之一的单位或个人，由安检部门或其上级主管部门给予通报表扬、嘉奖、记功、授予荣誉称号的奖励：①模范执行国家的法律、法规，严格执行安检工作规章制度，成绩突出的。②积极钻研业务，工作认真负责，完成安全检查任务成绩突出的。③爱护仪器设备，遵守操作规程，认真保养维修，成绩突出的。④执勤中查获预谋劫机或其他干扰民用航空安全的嫌疑人。⑤执勤中检查出冒名顶替乘机或伪造、变造身份证件的。⑥遇有劫机或其他干扰民用航空安全的紧急情况，不怕牺牲、英勇顽强、机智灵活制服犯罪的。⑦执勤中其他方面表现突出的。

对前款受奖励者，可按照规定给予一定的物质奖励。安检人员有上列行为相反者，由安检部门或上级主管部门根据具体情况，分别给予批评教育、警告、记过、记大过、开除的行政处分，违法或者构成犯罪的，由有关机关依法追究责任。

第二节　机场安检工作的保卫工作

一、安全检查的对象

机场安全检查是为预防危害民用航空安全的非法行为发生而采取的一种防范措施。安全检查工作由机场安检部门依据国家有关规定实施，其对象为乘坐国际、国内民航班机的中外籍乘客及其携带的行李物品，进入机场隔离区的人员及其携带的物品，货主委托民航空运的货物、邮件等，目的是防止将枪支、弹药、武器、凶器、易燃易爆、剧毒、放射性物质及其他危害航空安全的危害品带上或装载上飞机，保障民航飞机和乘客生命财产安全。

（一）对乘客及行李、货物、邮件的检查

乘坐民用航空器的乘客和其他人员及其携带的行李物品，除国务院规定的免检外，必须接受安全检查，拒绝接受安全检查的，不准登机，其损失自行承担。

安全检查人员应当查验国际航班乘客客票、身份证件和登机牌，使用仪器或者手工对乘客及其行李物品进行安全检查，特殊情况下可以从严检查。对国内航班乘客应当核查其有效乘机身份证件、客票和登机牌。有效身份证件的种类包括：中国籍乘客的居民身份证、临时身份证、军官证、武警警官证、士兵证、军队学员证、军队文职干部证、军队离退休干部证和军队职工证，港、澳地区居民和台湾同胞旅行证件；外籍乘客的护照、旅行证、外交官证等；民航局规定的其他有效乘机身份证件。对 16 岁以下未成年人，可凭其学生证、户口簿或者所在地公安局机关出具的身份证件放行。

对核查无误的乘客，应在其登机牌加盖验讫章。已经通过安全检查的乘客应当在机场候机隔离区里等待登机。进入候机隔离区的工作人员及其携带的物品，应当接受安全检查，接送旅客的人员和其他人员不得进入候机隔离区。

外交邮袋免予安全检查，外交信使及其随身携带的其他物品应当接受安全检查，但是中华人民共和国缔结或者参加的国际条约另有规定的除外。

空运的货物必须经过安全检查或者对其采取其他安全措施。货物托运人不得伪报品名托运或者在货物中夹带危险物品。航空邮件必须经过安全检查，发现可疑邮件时，安全部门应当会同邮政部门开包查验处理。

除国务院另有规定外，乘坐民用航空器的，禁止随身携带或交运下列物品：①枪支、弹药、军械、警械。②管制刀具。③易燃、易爆、有毒、腐蚀性、放射性物品。④国家规定的其他禁运物品。

（二）限制乘客携带液态物品乘机

（1）国内航班乘客禁止随身携带液体物品。乘坐国内航班的乘客禁止随身携带液态物品，化妆品及牙膏除外，但每种化妆品限带一件，其单体容积不得超过 100ml，总量不超过 1L，超出部分可办理行李交运，其包装应符合民航运输有关规定。来自境外需在中国境内机场转乘国内航班的乘客，其携带入境的免税液体物品应置于袋体完好无损且封口的透明塑料袋内，不需出示购物凭证，经安全检查确认无疑后方可携带。

（2）国际航班、地区航班每人可携带总量不超过 1L 的液体物品。乘坐从中国境内机场始发的国际、地区航班的乘客，其随身携带的液态物品每件容积不得超过 100ml，其应能宽松地放置于最大容量不超过 1L、可重新封口的透明塑料袋中，塑料袋应完全封好。每位乘客仅允许携带一个透明塑料袋。需在国外、境外机场转机的由中国境内机场始发的国际、地区航班乘客，在候机楼免税店或机上购买液态物品，应保留购物凭证以备查验。所购买物品应盛放在封口的透明塑料袋中，且不得自行拆封。国外、境外机场对携带免税液体物品有特殊规定的，应服从其规定。来自境外需在中国境内

机场转乘国际、地区航班的乘客，携带液态物品，其携带入境的免税液体物品应盛放在袋体完好无损、封口的透明塑料袋中。不须出示购物凭证。

（3）除规定的物品外，其他可能用于危害航空安全的物品，乘客不得携带，但是可以作为行李交运或者按照国务院民用航空主管部门的有关规定由机组人员带到目的地后交还。对于含有易燃物质的生活用品实行限量携带。限量携带的物品及其数量，由国务院民用航空主管部门规定。

（4）安检部门应当根据任务量和实际情况，制定相应的勤务方案和突发事件的处置预案，并组织实施，杜绝漏检、失控等事故发生。在特殊情况下，经民航局公安部门或其授权部门批准，可以实施特别工作方案，从严进行安全检查。

二、安全检查方法

安全检查的方法有两种：一种是技术检查。乘客必须通过安全门或者接受手提金属探测器的检查，当身上带有金属物品时，仪器会报警，检查员将做进一步检查。行李货物必须接受 X 光安全仪器检查，即通过 X 射线冲击荧光屏，从观察窗上显示出物品图像，检查员由此判断物品是否安全。对可疑物品，要开包/箱检查或用其他方法检测。安全门、手提检测器、X 光安全检查仪均经过科学鉴定，不会对乘客及其行李、货物造成损害。

另一种是手工检查。乘客人身由同性别的安全检查人员用手工触摸检查，必要时可进行搜身，并对其随身携带物品开包/箱检查。

上述这两种方法可以单独采用，也可兼用。对乘客实施安检时，安检人员应当引导乘客逐个通过安全门。对通过安全门时警报响起的乘客，应当重复过门检查或使用手持金属探测器或手工人身检查的方式进行复查，排除疑点后方可放行。

人身检查的基本程序是：由上到下、由里到外、由前到后。重点部位是：头部、肩胛、胸部、手臂、臀部、腋下、裆部、腰部、腹部、脚部。

手工人身检查的具体办法是：首先面对乘客进行检查，顺序是前衣领、右肩、右大臂外侧、右手、右大臂内侧、腋下、右前胸、右上身外侧、腰部、腹部、左肩、左大臂外侧、左手、左大臂内侧、腋下、左前胸、左上身外侧、腰部、腹部、右膝部内侧、裆部、左膝部内侧，然后从乘客背部实施检查，顺序是后衣领、背部、后腰部、臀部、左侧大腿、左侧小腿、左脚、右侧大腿、右侧小腿、右脚。

经过手工人身检查仍有疑点的乘客，经安检部门值班领导批准后，可以将其带到安检室从严检查，检查应当由同性别的两位以上安检人员实施。

乘客的托运行李和非托运行李都必须经过安全检查仪器检查。发现可疑物品应当开包/箱检查，必要时也可以随机抽查。开包/箱检查时，可疑物品的托运人或者携带者应当在场。乘客申明所携物品不宜接受公开检查的，安检部门可根据实际情况，在适当场合检查。开包/箱检查的程序是：观察外层、检查内层和夹层、检查包内物品、善后处理。

开包/箱检查的常用方法是看、听、摸、拆、掂、捏、嗅、探、摇、烧、敲、开。

看：就是对物品的外表进行观察，看是否有异常，包装是否有变动等。

听：对录音机、收音机等音像器材通过听的办法判断其是否正常，是否有定时爆炸装置等物品。

摸：直接用手触摸判断是否有异常或危险品。

拆：对被怀疑物品拆开包装或外壳，检查其内部有无危险品。

掂：对被检查物品用手掂其重量，判断其重量与正常物品是否相符，决定是否进一步检查。

捏：对于软包装或者体积小的物品，如香烟、洗发水等，靠手的感觉判断有无异常。

嗅：对被怀疑的物品，主要是爆炸物、挥发性物品，采用扇闻的方法用鼻子嗅闻，判断物品的性质。

探：对被怀疑的物品，如花盆、坛、罐等，无法透视，又不能用探测器检查，可用探针进行探查，判断有无异常。

摇：对有疑问的物品，如盛有液体的容器、佛像、香炉等可能空心的物品，可以用摇晃的方法进行检查。

烧：对被怀疑的物品，如液体、粉末、结晶等物品，可以取少许用纸包裹后点燃，据其燃烧程度、状态等判断其是否为易燃易爆物品。

敲：对某些不易打开的物品，如拐杖、石膏等，用手敲击，判断其是否正常。

开：通过开启、关闭开关，检查手提电话等电器是否正常，防止其被改装为爆炸物。

除对乘客及其物品进行检查外，对空运的货物应当经过安全检查或存放 24 小时，或者采取民航局认可的其他安全措施。对空运的急救物品、鲜活货物、航空快件等有时限的货物，应当及时进行安全检查。

对特殊部门交运的保密货物、不宜检查的精密仪器和其他物品，按规定凭免检证明予以免检。航空邮件应当经过安全检查，发现可疑邮件时，安检部门应当会同邮政部门开包/箱查验处理。

三、机场安检的四个级别

（一）机场安检级别分类

机场安检工作基本上分为四级，由普通到严格的顺序对应为一到四级。一级安检是我们平时机场安检所经历的，包括检查证件、金属物品等一系列常规检查。二级安检一般在奥运会、世博会等大型活动期间进行，相对于一级安检而言，增加了开包环节，要求开包率不低于50%，并且脱鞋、解腰带的抽查率不低于30%。同时，在安检口、登机口会增派安检人员。三级安检是在二级安检基础上登机口增加10%左右的抽查。四级安检是最高级别的安检，100％的开包率，脱鞋、解腰带也是每个乘客都被要求做的环节。另外在登机口也要100％地重新检查一遍，空中也要增加安保人员。

（二）机场安检级别的提高

一般情况下，在重大的安全事故或者突发事件、冲突高发地区中，在一些重大的庆典、会议期间，都应相应提高安检的级别。

四、机场候机隔离区安全监控

经过安全检查的乘客进入候机隔离区以前，安检部门应当对候机隔离区进行清场。安检部门应当派员在候机隔离区内巡视，对重点部门加强监控。经过安全检查的乘客应当在候机隔离区内等待登机，如遇航班延误或其他特殊原因离开候机隔离区的，再次进入时应当重新经过安全检查。

因工作需要进入候机隔离区的人员，必须佩戴民航公安机关制定的候机隔离区通行证件。上述人员及其携带的物品，应当经过安全检查。候机隔离区的商店不得出售可能危害航空安全的商品。商店运进商品应当经过安全检查，同时接受安检部门的安全监督。

五、民用航空器监护

执行航班飞行任务的民用航空器在客机坪短暂停留期间，由机场安检部门负责监护。对于出港民用航空器的监护，应从机务人员将民用航空器移交给监护人员时开始，至乘客登机后民用航空器滑行时止；对过站民用航空器的监护从其到达机坪时开始，到滑离机坪时止；对执行国际、地区及特殊管理的国内航线飞行任务的进港民用航空器的监护，从其到达机坪时开始，至乘客下机完毕机务人员开始工作为止。

民用航空监护人员应根据航空动态，按时进入监护岗位，做好对民用航空器监护的准备工作。民用航空监护人员应当坚守岗位，严格检查登机工作人员的通行证件，密切注视周围动态，防止无关人员和车辆进入监护区。在乘客登机时，协助维护秩序，防止未经过安全检查的人员或物品进入航空器。

空勤人员登机时，民用航空器监护人员应当查验其中国民航空勤登机证。加入机组执行任务的非空勤人员，应当持有中国民航公务乘机通行证和本人工作证。

对上述人员携带的物品，应当查验是否经过安全检查；未经过安全检查的，不得带上民用航空器。

六、安检工作中特殊情况的处置

拒绝接受安全检查的人员，不准登机或进入候机隔离区，损失自行承担。对持居民身份证复印件、伪造或变造证件、冒用他人证件者不予放行登机。

对有下列情形之一者，应带至安检值班室进行教育；情节严重的，交由民航公安机关处理。①逃避安全检查。②妨碍安检人员执行公务的。③携带危险品、违禁品又无任务证明的。④扰乱安检现场工作秩序的。

有下列威胁航空安全行为之一的，交由民航公安机关查处：①携带枪支、弹药、管制刀具及其仿制品进入安检现场的。②强行进入候机隔离区不听劝阻的。③伪造、冒用、涂改身份证件乘机的。④隐匿携带危险品、违禁品企图通过安全检查的。⑤在托运货物时伪报品名、弄虚作假或夹带危险物品的。⑥其他威胁航空安全的行为。

对违反《中华人民共和国民用航空安全保卫条例》第32条规定，携带《禁止旅客随身携带或者托运的物品目录》所列物品的，安检部门应当及时交由民航公安机关处理。对于违反《中华人民共和国民用航空安全保卫条例》第33条规定，携带《禁止旅客随身携带但可作为行李托运的物品》所列物品的，应当告诉乘客可作为行李托运或交给送行人员；若来不及办理托运，安检部门按规定办理手续后移交机组带到目的地后交还。

不能按上述办法办理的，由安检部门代为保管。安检部门应当登记造册，妥善保管；对超过30天无人领取的，及时交由民航公安机关处理。安检部门对乘客暂存的物品，应当为物主开具收据，并进行登记。乘客凭收据在30天内领回。

第四节　机场的安全保卫服务工作

一、概述

民用航空安全保卫工作实行统一管理、分工负责的原则。民用航空公安机关负责对民用航空安全保卫工作实施统一管理、检查和监督。机场的安全保卫主要针对空中犯罪行为，这些行为包括爆炸、劫机和走私、偷渡等。在地面上的保卫工作则包括保护乘客货运和机场设备的安全，防止偷盗和抢劫，维护机场所在地的地面交通正常和安全，维护机场的治安工作。

根据工作性质和任务不同，机场安全保卫工作分别由不同部门负责，目前主要是由中国人民武装警察部队、机场公安系统、机场保卫系统负责。

二、民用机场开放使用应当具备的安全保卫条件

民用机场开放使用，应当具备以下安全保卫条件：
（1）设有机场控制区并配备专职警卫人员。
（2）设有符合标准的防护围栏和巡逻通道。
（3）设有安全保卫机构并配备相应的人员和装备。
（4）设有安全检查机构并配备与机场运输量相适应的人员和检查设备。
（5）设有专职消防组织并按照机场消防等级配备人员和设备。

（6）有应急处置方案并配有必要的应急救援设备。

三、机场安全区域划分

（1）机场控制区应当根据安全保卫需要，划分为候机隔离区、行李分拣装卸区、航空器活动区和维修区、货物存放区等，并分别设置安全防护设施和明显标志。机场控制区应当采取严密的安全保卫措施，实行封闭分区管理。

（2）人员与车辆进入机场控制区，必须佩戴机场控制区通行证接受警卫人员的检查。机场控制区通行证由民航公安机关按照国务院民用航空主管部门的有关规定制发和管理。

（3）在航空器活动区和维修区内的人员、车辆必须按照规定路线行进，车辆、设备必须在指定位置停放，一切人员、车辆必须避让航空器。

（4）停放在机场的民用航空器必须有专人警卫。各有关部门及其工作人员必须严格执行航空器警卫交接制度。

四、机场内的禁止行为

机场内禁止行为如下：

（1）攀/钻/越/损坏机场防护围栏及其他安全防护设施。

（2）在机场控制区内狩猎、放牧、晾晒谷物、驾驶车辆。

（3）无机场控制区通行证进入机场控制区。

（4）随意穿越航空器跑道、滑行道。

（5）谎报险情，制造混乱。

（6）强行登、占航空器。

（7）扰乱机场秩序的其他行为。

思考题

1. 机场安检人员应该具备的5个条件是什么？

2. 机场安检工作的主要内容是什么？

3. 机场安全检查有哪两种方法？

4. 机场安检工作有几个级别？

第七章　特殊旅客运输服务

 学习目标

了解特殊旅客的定义及基本需求
掌握特殊旅客的分类及特点
能熟练掌握不同特殊旅客的承运条件及服务要求
能熟练掌握不同特殊旅客的代码简称
明确关于特殊旅客的相关规定

第一节　特殊旅客的概念

一、特殊旅客定义

特殊旅客又称特殊服务旅客，是指在乘坐飞机时由于身份、行为、年龄、身体和精神等状况，在旅途中需特殊礼遇或照料并符合一定运输条件的旅客。

特殊旅客主要包括重要旅客，病残旅客、担架旅客、轮椅旅客、盲人/聋哑人旅客，无成人陪伴儿童，老年人旅客，孕妇旅客，婴儿旅客，犯罪嫌疑人及其押解人员，特殊餐饮旅客，酒醉旅客，额外占座旅客等。

二、特殊旅客拒绝运输与限制运输

传染病患者、精神病患者或者健康情况可能危及自身或者影响其他旅客安全的旅客，航空公司不予承运。特殊旅客的具体运输条件以及操作方法是由各航空公司自行规定的。如果航空公司接受与其他承运人联程运输的特殊旅客，应事先取得各有关承运人的同意，并遵照其规定及要求办理。

三、特殊旅客服务项目

为方便特殊旅客的出行，解决特殊旅客的困难，各个航空公司会为特殊旅客提供特别的服务。针对特殊旅客提供的服务项目，主要经由各机场航站楼的顾客服务中心

来完成。

常见的特殊服务项目有：

（1）提供轮椅使用服务。为行动不便且未申请航空公司特服的旅客提供免费的轮椅使用。

（2）提供免费手推车行李服务。为特殊群体旅客提供航站楼内免费搬运、运送行李服务。

（3）团队残障旅客的团队保障服务。为残障旅客团队提供从登机口到车道边的全程服务。

（4）陪伴服务。

（5）免费寄存服务。

（6）广播寻人服务。为有特别需要的特殊群体旅客开展广播寻人服务。

（7）免费旅客电瓶车服务。为有特别需要的特殊旅客提供免费电瓶车服务。

四、特殊旅客申请服务要求

（1）特殊旅客如对服务有特殊要求，需在购票的过程中，向航空公司直属售票处和代理售票点提出购票申请和特殊服务的要求，填写《特殊旅客服务需求单》（见表7-1），如果是无成人陪伴儿童乘机，还需填写《无成人陪伴儿童乘机申请书》。这是始发站、经停站和目的站为特殊旅客实施服务的依据。

表7-1 特殊旅客服务需求单（A类）参考样式

特殊旅客服务需求单（A类）						
（轮椅旅客（WCHS/WCHR）、聋哑人/盲人旅客、老年人旅客、孕妇（孕期＜32周）、携带婴儿旅客、特殊餐食旅客、_____）						
A	个人信息	姓名		性别		年龄	
		航班日期		航班号		电话	
		始发站		经停站		到达站	
		证件种类		证件号码			
		地址					
B	身体状况						
		如果您是盲人或聋哑旅客，是否携带导盲犬或助听犬？ 否 □　 是 □					
C	轮椅服务	(1) 在机场是否需要轮椅服务？ 否 □　 是 □	□ 能上下台阶，但进行长距离移动时需要轮椅帮助（WCHR） □ 不能上下台阶，但在客舱中能自己行动（WCHS）				

续表

C	轮椅服务	（2）是否携带自有轮椅旅行？ 否 □ 是 □	□ 手动轮椅 □ 机械轴环式（WCMP）	□ 在值机柜台进行托运； □ 希望使用自有轮椅到达登机门，在登机门办理托运； □ 飞机到达后，希望飞机舱门口提取托运轮椅； □ 飞机到达后，希望在托运行李提取处提取托运轮椅； ＊目前客舱内无法放置旅客自有轮椅，敬请谅解。
			□ 电动轮椅	□ 携带可溢出液体电池驱动轮椅（WCBW）； □ 携带密封式无溢出电池驱动轮椅（WCBD）； □ 飞机到达后，希望飞机舱门口提取托运轮椅； □ 飞机到达后，希望在行李转盘处提取托运轮椅； ＊电动轮椅装入货舱所需时间较长，因此请您于航班起飞90分钟前到值机柜台进行轮椅托运。

D	引导服务	（1）始发地是否需要引导您到达登机口？否□ 是□
		（2）中转地是否需要引导您到达中转航班登机区？否□ 是□ 如选择"是"，请告知您中转航班号_____起飞时间_____
		（3）目的地是否需要引导您至到达厅出口？否□ 是□
E	其他	（1）需要特殊餐食？否□ 是□ 如果选"是"，请您向工作人员索要特殊餐食清单，请指定特殊餐食类型：_____ ＊因特殊餐食准备受时间限制，请您在航班起飞24小时前提出申请。24小时以内提出的申请，请联系工作人员，确认是否可以提供此服务。
		（2）需要特殊座位？否□ 是□ 如果选"是"，请指明：靠近过道座位 □，靠近窗口座位 □，其他_____
		（3）其他需求_____
F	随行	姓名：_____ 电话：_____

（2）如病患旅客乘机，需提交《诊断证明书》。《诊断证明书》是证明病患旅客等受载运限制的特殊旅客适于乘机的健康条件书面证明文件，内容包括旅客乘机所需申明的详细信息。

（3）航空公司或售票代理点可以直接向特殊旅客出票的包括：不需要机上氧气瓶的病患旅客、无成人陪伴儿童、老年旅客、孕妇旅客、婴儿旅客、特殊餐饮旅客、额外占座旅客等（见表7-2）。

（4）需要向控制部门请示而决定是否出票的特殊旅客包括：需要机上氧气瓶的病患旅客、担架旅客、无自理能力/无人陪伴半自理能力轮椅旅客、携带电池驱动轮椅旅客、携带导盲犬/助听犬的盲人/聋哑人旅客、残疾旅客团队超过（含）10人以上、押解犯罪嫌疑人运输。

（5）关于特殊旅客申请服务的具体要求，一般由各航空公司自行规定。因此，在接受特殊旅客运输时，应遵照航空公司提出的具体规定来处理。

表 7 – 2　不同类别特殊旅客处理办法

旅客类别	需售票处向客户服务席请示	需售票处向客户服务席备案
重要旅客	×	√
病患旅客	√需要机上氧气瓶	√
	×不需要机上氧气瓶	×
担架旅客	√	√
轮椅旅客	√无自理能力/无伴半自理能力	√
	√携带电池驱动轮椅	√
盲人/聋哑人旅客	×单独旅行	√
	√携带导盲犬/助听犬	√
残疾旅客团队超过（含）10 人以上	√	√
无成人陪伴儿童	×	×
老年人旅客	×	×
孕妇旅客	×	×
婴儿旅客	×	√（运输超过服务限量规定）
犯罪嫌疑人	√	√
特殊餐饮旅客	×	×
酒醉旅客	×	×
额外占座旅客	×	×

第二节　特殊旅客运输服务的一般规定

一、病残旅客

在民航运输中，病残旅客由于身体或精神的缺陷或疾病，自理能力不足，在上下飞机、飞行途中（包括紧急疏散）及机场地面服务过程中需要他人帮助照料。此类旅客包括病患旅客和残疾旅客。

病患旅客，是指患有突发性疾病或患有常见性疾病（如传染性疾病、心脏病、冠心病、高血压、糖尿病、哮喘等病症）的旅客，以及丧失生活自理能力的病患旅客或患重病的旅客（病患轮椅旅客、担架旅客等）。

残疾旅客，是指带有先天残疾，已习惯于自己生活且具有生活自理能力的盲人、聋哑人，以及手脚不灵便或者只在机场地面或上下飞机时需要帮助的残疾旅客。

年事甚高的老年旅客，即使没有任何疾病，航空运输中也应视其为特殊旅客，并给予特殊服务和照顾。

（一）病残旅客承运的基本条件

（1）病残旅客需要航空公司提供特殊服务，并需要准备特殊服务器具，因此病残旅客在购票前需要向航空公司有关部门提出申请，填写《特殊旅客乘机申请书》（如图7-1），经过航空公司允许后方能购票，并享受特殊服务。

（2）患有重病的旅客购票应提供医疗单位出具的适于乘机的《诊断证明书》，要确保病残旅客适于乘机和对其他旅客无不良影响。

（3）病残旅客需要多占座位时，按实际占用座位数量购票，若旅客在飞行途中，临时因病需多占座位，如有空位，应提供给旅客，不需另补票。

（4）需要提供飞机上医疗氧气的病患旅客应在订座购票时事先提出申请，经承运人同意并预先做出安排。

（5）具体的乘机要求应遵循不同的承运人相关规定。

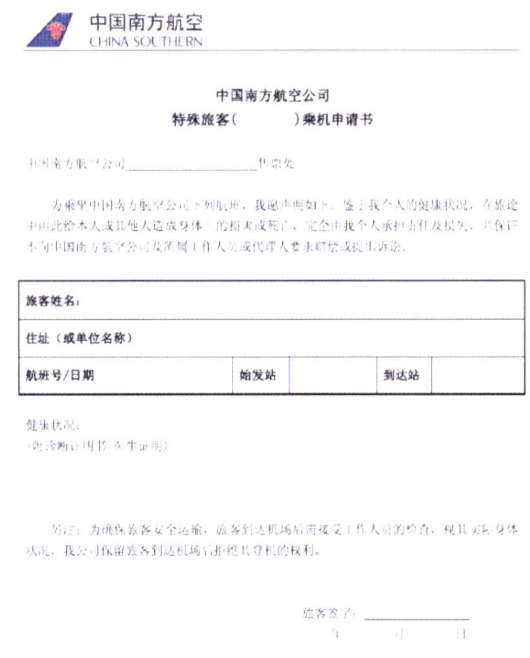

图7-1　特殊旅客乘机申请书参考样式

（二）病残旅客值机规定

（1）航空公司及机场地面服务人员在收到航空公司销售部门拍发的"病残旅客运输通知"电报之后，应检查各有关部门对运输病残旅客的准备情况，例如担架、轮椅、升降机等准备情况。

（2）值机人员应仔细验收旅客的《诊断证明书》和《特殊旅客乘机申请书》，并作留存。

（3）病残旅客的座位应尽量安排在靠过道或易于客舱乘务员服务的位置，不能安排在紧急出口的座位。

（4）地面人员应安排病残旅客提前登机并向航班乘务长做简要交待。

（三）病残旅客的种类

1. 轮椅旅客

（1）轮椅旅客概述。轮椅旅客，是指在航空旅行过程中，由于身体的缺陷或者病伤，不能独立行走或者步行有困难，依靠轮椅代步的旅客，包括残疾轮椅旅客和病患轮椅旅客。轮椅乘客根据自身不同的情况，可以分成三种：WCHR、WCHS、WCHC。①WCHR（WCH：Wheelchair，轮椅；R：Ramp，停机坪）：有自理能力的轮椅旅客——乘客可以在没有轮椅的情况下自己上下飞机，并在机舱内可以自己走到座位上，仅需一定的工具，帮助他从候机室到达或者离开飞机。②WCHS（WCH：Wheelchair，轮椅；S：Step，台阶）：半自理能力轮椅旅客——旅客可以自己走到或者离开客舱座位，需要一定的工具帮助他上下客梯和从候机室到达或者离开飞机。③WCHC（WCH：Wheelchair，轮椅；C：Cabin，客舱）：无自理能力轮椅旅客——自己完全不能行动，需要一定的工具帮助他从候机室到达或者离开飞机、上下客梯和到达或者离开客舱座位。

（2）轮椅旅客承运基本条件。①需要轮椅的旅客在购票时，向航空公司提出申请，航空公司可以提供上下飞机及过站航班的轮椅服务。②只在机场地面或上下飞机时需要帮助的残疾轮椅旅客，可不提供《诊断证明书》。③WCHR、WCHS、WCHC 应分别填写《特殊旅客乘机申请书》，以便承运人做好相应的服务保障安排。④无自理能力的轮椅旅客在整个旅途过程中，必须有家属或其监护人陪同。

（3）轮椅旅客服务要求。①轮椅旅客不能安排在紧急出口的座位。②为了方便轮椅旅客，座位应尽量安排在客舱靠过道的位置，不能安排另一位轮椅旅客坐在相邻的位置。③轮椅旅客登机，应最先上飞机，最后一位下飞机。

案例分享：

2016 年 5 月 15 日，CA1762 航班有一名旅客在值机柜台临时申请地面轮椅服务，旅客单独旅行，没有家属陪伴。国航重庆分公司地面服务部旅客服务室的服务人员向该旅客提供了地面轮椅服务，并预先告知旅客该航班的登机流程以及该航班停靠在较远的机位，在整个乘机过程中旅客需要上下摆渡车，到达远机位后还需要通过上下阶梯进入客舱。服务人员也于该航班登机前把轮椅旅客稳妥地推到了 CA1762 航班登机口。

没想到旅客陈先生突然提出，自己由于行动不便，只能走平路，上下阶梯几乎做不到。得知此情况后，地面服务人员立即将此事上报给当日服务室值班主管。经过了解，旅客的家属在值机柜台申请临时地面轮椅服务的时候，并没有将轮椅旅客身体状况详尽地告知值机柜台人员。

　　于是，服务室值班主管积极向调度室申请残疾旅客平台车，但由于时间太紧，无法提供。看着旅客焦急的神情，值班主管微笑着安抚旅客："陈先生，您别急，我们尽力想办法帮助您顺利登机！"一句简单的话语，让这位轮椅旅客放松了许多。

　　值班主管立即通知服务室调度员，要求再调配一名男服务员到登机口，一起商量怎么协助旅客登机。服务人员看了看旅客的体形不算太壮，于是建议试试背着他上阶梯。值班主管向旅客征得了同意。来到飞机下后，值班主管与乘务长交接轮椅旅客的情况，一名地服人员把旅客驮在背上，另一名地服人员在旁边把旅客托着，避免旅客上身后仰。在大家共同努力下，成功地将旅客送入了客舱。陈先生落座后，一把抓住服务人员的手，激动地一直说："谢谢了，真的辛苦你们了！"

　　航空公司将轮椅旅客分为三种类型：WCHR、WCHS、WCHC，每一种类型提供服务时要求的设备也都不一样。在航空运输中，遇到临时申请轮椅服务的旅客不能自行上下飞机，管理人员和员工愿意背扶旅客登机，体现的是一种担当和对旅客发自内心的真情服务。然而这种做法也存在一定的风险，如果服务人员与旅客双双摔倒，后果将无法预测，所以需要轮椅服务的旅客还是应尽可能在购票时提出需求，并如实地说明身体状况；工作人员也需要向旅客介绍清楚航空公司轮椅服务的分类情况，供旅客选择；工作人员还要在销售系统中输入准确的服务代码，这样机场地面服务部门就能提前准备好相应的设备，辅助旅客顺利乘机。

（来源：中国国际航空股份有限公司）

　　2. 担架旅客

　　（1）担架旅客概述。担架旅客（Stretcher Passenger，代码简称 STCR），是指因患重病或者受重伤，在旅行中不能使用飞机上的座椅而只能躺卧在担架上，或者不能在飞机座椅上坐着而必须躺着乘机的伤患旅客。

　　（2）担架旅客承运基本条件。①需要医院出具适宜乘机的医疗证明，说明旅客可以在没有医疗协助的情况下安全完成其航空旅行。②担架旅客需要安排至少一名年满18 周岁的成年人或医务人员陪伴同行。③每个航班对于担架旅客有一定人数的规定：窄体机只能收运 1 名担架乘客，宽体机只能收运最多 2 名乘客。④当航班上有 VVIP时，不承运担架旅客。⑤担架旅客若有其他特殊保障需求，应在出票时提出，原则上担架旅客不办理联程航班业务。

　　（3）担架旅客服务要求。①担架旅客需安排最先上机，最后下飞机。②担架旅客需安排在经济舱最后三排的位置，旅客头部需朝向机头方向，系上安全带，拉上帘子。

　　3. 盲人/聋哑旅客

　　（1）盲人/聋哑旅客概述。盲人旅客（代码：BLIND）指双目失明的旅客，不是指眼睛有疾病的旅客（眼睛有疾病或者视力受到严重损伤的不属于盲人旅客，应按病患旅客的有关规定办理）。每个航班允许有一名携带导盲犬的旅客或 2 名不带导盲犬的盲人旅客乘机。航空公司应允许导盲犬在航班上陪同具备乘机条件的盲人旅客。

　　聋哑旅客（DEAF/DUMB），是指双耳听力缺陷或者不能说话的旅客。有耳病或者听力受到严重损伤或者因病患使语言表达能力受到限制或者声带受到严重损伤的旅客，应按病患旅客的有关规定办理。

（2）盲人/聋哑旅客承运基本条件。不满 16 周岁的盲人/聋哑旅客单独乘机，航空公司一般不予接受。①盲人/聋哑旅客在旅行过程有成人陪伴同行，该盲人/聋哑旅客按一般旅客接受运输（此类旅客运输不受限制）。②单独旅行的盲人/聋哑旅客，必须在订座时提出申请，经承运人同意后，在航班离站前 48 小时内购票（此类旅客运输受限制）。③单独旅行的盲人旅客，必须具备自己走动、能够照料自己、在进食时不需要其他人帮助的能力。④无成人陪伴的盲人/聋哑旅客，应由其家属或者他的照料人在始发站陪送到上机地点，在到达站下机地点予以迎接。⑤盲人旅客如需携带导盲犬或者聋人旅客需携带助听犬，必须在申请订座时提出，经承运人同意方可携带。⑥盲人旅客携带的导盲犬或者聋人旅客携带的助听犬应提供检疫证明书，在申请订座和办理乘机手续时，向航空公司出示证明。⑥导盲犬或者助听犬经航空公司同意可免费携带进入客舱或者装在货舱内运输，连同其容器和食物，可以免费运输而不计算在免费行李额内。⑦带进客舱的导盲犬或者助听犬，须在上飞机前为其戴上口套和系上牵引绳索，并不得占用座位和让其任意跑动，须停留在主人的身边。同一客舱内只能装运一只导盲犬或者一只助听犬。⑧装在货舱内运输的导盲犬或者助听犬，其容器必须坚固。该容器应当能防止导盲犬或者助听犬破坏、逃逸和伸出容器外，并能防止粪便渗溢，以免污染飞机设备和其他物品。⑨单独旅行的盲人/聋哑旅客或者盲人旅客携带的导盲犬或者聋人旅客携带的助听犬，如为联程运输，取得联程航段承运人的同意后方可受理。⑨盲人/聋哑旅客的座位不能安排在客舱紧急出口处，应尽量安排在靠过道方便旅客进出和乘务员照料的位置。

3. 老年旅客

一般情况下，按照老年旅客服务需求，将老年旅客分为无特殊服务需求的老年旅客、一般服务需求的老年旅客、特殊服务需求的老年旅客三种类型。

无特殊服务需求的老年旅客，是指身体健康或者自认为身体健康，有自理能力，在航空旅途过程中不需要航空公司给予特别照顾的老年旅客。此类旅客可按一般旅客进行运输。

一般服务需求的老年旅客，是指因年龄偏大，在航空旅途过程中需要航空公司提供某种或者多种服务的老年旅客。比如说：因为身体年迈，短距离可自行行走，但长距离行走体力不支，需要轮椅代步；身体残疾或年迈，需要手杖或拐杖支撑行走；听力或视力不好、语言或文字沟通有障碍，对乘机流程和环境不熟悉，无法顺利办理登机牌、候机、上下飞机、到达领取行李整个过程，需要安排人员给予引导；因自身身体原因，需要特殊餐食；需要特殊机上座位等。此类旅客在购买客票时，应填写《特殊旅客服务需求单》，在需求单上指明需要的特殊服务种类。

特殊服务需求的老年旅客，是指老年旅客旅途运输过程中需要担架或者需要提供医疗氧气，或者肢体病伤，或者怀疑在飞机上需要额外医疗服务的情况下，才能完成所需航程运输的老年旅客。此类旅客服务需求涉及旅客自身或者航空运输安全，需要在航空公司直属或者指定的售票处购票；在购买客票时，需要填写《乘机申请书》，并提交适宜乘机的《医疗诊断证明书》。

二、婴儿旅客

（一）婴儿旅客概述

婴儿旅客（Infant，代码简称 INF），指出生 14 天至 2 周岁以下的婴儿在年满 18 岁的成人陪同下乘机（图 7 - 2）。出生不足 14 天的新生婴儿、出生不足 90 天的早产婴儿，不能乘机出行。

图 7 - 2　婴儿旅客

由于新生儿的抵抗力差，呼吸功能不完善，咽鼓管又较短，鼻咽部常有粘液阻塞，飞机升降时气压变化大，对身体刺激大，新生儿又不会做吞咽动作，难以保持鼓膜内外压力平衡，因此，对婴儿乘坐飞机有一定的限制条件。

（二）婴儿旅客承运基本条件

（1）购票时，必须确认婴儿的年龄，出生 14 天以下的婴儿乘机需要出示医院证明保证其身体条件适合乘坐飞机。

（2）婴儿乘客购票按成人全票价的 10% 计算票款，没有免费行李额，乘机时需携带户口本或出生证明。

（3）不同的航空公司根据机型的不同，对每架飞机承载婴儿的数量也会有限制。通常情况下，宽体机最多只能载运 30 个婴儿，窄体机最多载运 20 个婴儿。具体的数量限制因航空公司要求不同而具有差异。

（4）婴儿不能单独占有座位，需由成人抱着，一名成人最多携一名婴儿乘坐飞机。

如果旅客要求婴儿单独占用座位，应为其购买儿童票。每一位成年旅客携带未满 2 周岁的婴儿超过一名时，超过的人数，应购买儿童票，并可单独占用一个座位。

（5）为了方便携带婴儿的旅客，航空公司一般规定，可以为携带不占座位婴儿的旅客免费收运一个折叠式的轻便童车或婴儿摇篮，如大小符合航空公司规定，可允许带入客舱。

（三） 婴儿旅客服务要求

（1）值机时应优先为携带婴儿的旅客办理乘机手续。在办理乘机手续时，应核实婴儿的年龄。

（2）应将携带婴儿的旅客安排在可以安放婴儿摇篮的座位。

（3）带婴儿的旅客座位不能安排在紧急出口处。

（4）相连的同一排座位上都有旅客时，不能同时出现两个不占座的婴儿。

（5）婴儿旅客需要发放无座位号的婴儿登机牌。

（6）填写舱单时，应在婴儿姓名后的备注栏内注明"INF"字样，以区别成人旅客。

三、儿童乘客

（一） 普通儿童旅客

1. 定义

在民航运输中，儿童是指年龄在 2 周岁（含）以上 12 周岁以下的旅客，称为儿童旅客（图 7 - 3）。

图 7 - 3　儿童旅客

2. 儿童旅客承运基本条件

（1）儿童旅客应在成年人的陪同下乘机。

（2）儿童旅客必须单独占位，不能由成人怀抱着坐飞机。

（3）儿童旅客的票价为成人全价票的50%，占有座位并享有所持客票座位等级规定的免费行李额。

（4）儿童旅客不能安排在紧急出口的座位。

（5）儿童旅客可以在订票时或航班出发前72小时向航空公司申请儿童餐食。

（二）无成人陪伴儿童

1. 定义

无成人陪伴儿童（Unaccompanied Minor，简称UM），指年龄在5～12周岁（不包括12周岁）的儿童，在没有年满18周岁的成人陪同下独自乘机。年龄未满5周岁的儿童独自乘机航空公司不予承运。对无成人陪同的儿童，应在航班中指派一名乘务员对其照顾（图7-4）。

图7-4　无成人陪伴儿童乘机

2. 无成人陪伴儿童的服务程序

（1）购票。①需在购买机票时提出特殊服务的申请，并填写《无成人陪伴儿童乘机申请书》（表7-3），经同意后才可接受订座。②购票时必须出具儿童的户口簿及其父母或监护人的身份证。③购票时，无成人陪伴儿童的父母或监护人必须提供始发与到达站的接送人员有效姓名、地址和联系电话。

表7-3　无成人陪伴儿童乘机申请书（特殊旅客服务需求单 B 类）参考样式

无成人陪伴儿童乘机申请书

Unaccompanied Minor Application forms

乘机人信息 Minor's information： 姓名 Name：　　年龄 Age：　　　　性别 Sex：　　　　母语 Languages spoken： 住址 Permanent address：　　　　电话号码：Telephone no. ：　　　　其他联系方式：Other contacts：
航班详细资料 Flight details Information 航班号 Flight no.　　　　日期 date　　　自 from　　　　　至 to 航班号 Flight no.　　　　日期 date　　　自 from　　　　　至 to 航班号 Flight no.　　　　日期 date　　　自 from　　　　　至 to
始发站旅客送机人员（旅客亲属）信息 Person（relatives of passengers）seeing off on departure 姓名 Name：　　　　电话号码 Telephone no. ：　　　　地址 Address：
经停/衔接站接送人员（旅客亲属）信息 Person（relatives of passengers）meeting and seeing off at stopover point 姓名 Name：　　　电话号码 Telephone no. ：　　　　地址 Address：
到达站接机人员（旅客亲属）信息 Person（relatives of passengers）meeting on arrival 姓名 Name：　　　电话号码 Telephone no. ：　　　　地址 Address：
到达站旅客接机人员（旅客亲属）签字 Signature for release of minor from airlines'custody

　　（2）出发。①UM 在父母或监护人的陪伴下到达机场，机场工作人员需查看《无成人陪伴儿童乘机申请书》。②填写"无成人陪伴儿童交接单"（见图7-5），内容包括

　　至（TO）　　　　　　　　　　售票服务处（OFFICE CEA）
　　儿童姓名（MAME OF MIROR）　　　年龄（AGE）
　　（包括儿童乳名 INCIODING NICKMAME）　　性别（SEX）
　　航程（ROUTING）　　　　　　　日期（DATE）

航班号 FLTNO.	日期 DATE	自 FROM	至 TO

航站 STATION	接送人姓名 NAME OF PERSON ACCOMPANYING	地址电话号码 ADDRESS AND TEL NO.
始发站 ON DEPARTURE		
中途分程站 STOPOVER POINT		
到达站 ON ARRIVAL		

图7-5　无成人陪伴儿童交接单参考样式

儿童姓名、航班号、目的地、接送监护人的姓名、电话等信息。③机场工作人员分发无成人陪伴儿童标志牌，并协助 UM 完成值机手续。④UM 座位应尽量安排在客舱前部易于乘务员照顾的座位上，不能安排在紧急出口；尽量是过道座位，若航班不满的情况下，应与其他旅客分开座位；若航班满座，应安排与女性乘客一起的座位。

（3）登机。①机场工作人员陪同 UM 通过安全检查，并送上飞机交接给乘务长，UM 的交接单以及乘机证件也需一并交由乘务长保管。②无成人陪伴儿童需安排优先登机。③乘务长须检查无成人陪伴儿童的乘机证件和机票，并查看儿童胸前是否挂有无成人陪伴儿童标志牌。④办妥交接手续之后，乘务长需在《特殊旅客乘机服务单》上签字并将《特殊旅客乘机服务单》的相应联页交还地面工作人员留存。

（4）过站服务。①无成人陪伴儿童乘坐的航班如果是在中途作短暂停留的经停航班，无成人陪伴儿童可安排在飞机上，由乘务员在飞机上照顾，不可下机。②如果航班停留时间较长，乘务长与经停站机场工作人员交接，经停期间由机场工作人员照看。在航班离站前，由机场工作人员将无成人陪伴儿童交接给乘务长。③如航班发生备降或在航班中途站更换机组，上一班的乘务长应保证无成人陪伴儿童的资料及证件将转交给下一班乘务长。

（5）到达。①到达目的地机场之后，乘务长应将 UM 及交接单、乘机证件一并移交给机场工作人员。②机场工作人员需陪同 UM，将其送到达厅并亲自交给接机的监护人。交接时需要检查监护人的证件，确认无误才可交接，并请监护人签字。③如果儿童的父母或者监护人在上述航班衔接站安排人有困难，而要求由航空公司地面服务人员照料儿童时，应预先提出并经航空公司同意后，才可接受运输；④如没有人来接无成人陪伴儿童，机场工作人员需通知无成人陪伴儿童的父母或其监护人或进行广播，并照顾无成人陪伴儿童直到监护人到达。

四、孕妇

由于飞机在空中可能遇到气流的变化而产生颠簸，尤其起降过程中，气流颠簸尤为剧烈，对正常人一般无碍，但对于孕妇来说却相当危险。另外，飞机客舱是一个氧气和气压相对稀薄的密封空间，孕妇乘坐飞机可能会产生不适症状，尤其对健康状况不稳定的孕妇来说更加危险。因此，各个航空公司都对孕妇乘坐飞机制订了一些运输规定，必须经过航空公司同意，并事先做出安排。只有符合运输规定的孕妇，航空公司才可以接受其乘机的要求。

（一）孕妇旅客承运基本条件

（1）怀孕不足（32 周）的健康孕妇，除医生诊断不适宜乘机外，航空公司可按普通旅客接收。但是乘客需要带好产期证明，证明自己孕期在 32 周以内。

（2）怀孕超过 32 周（含 32 周）但不超过 36 周的健康孕妇，如有特殊情况需要乘机，必须提供县级以上医疗单位出具的有"适宜乘机"字样的诊断证明书，且须注明在××日前适宜乘机有效，方可乘机。诊断证明书需要包含乘客姓名、年龄、怀孕时期、预产期、是否适宜乘机等。诊断证明书应在乘机前按照航空公司要求的时间内开具。须在航空公司售票处提出申请。

（3）怀孕超过 36 周（含 36 周）的孕妇，航空公司不予承运。

（4）预产期临近但无法确定准确日期，已知为多胞胎的或预计有分娩并发症的孕妇，航空公司不予承运。

（5）产后不足 7 天的旅客。

飞机是在高空飞行，高空空气中氧气相对减少，气压降低。因此，对孕妇乘坐飞机有一定的限制条件。航空公司对孕妇搭乘飞机的限制或规定，既是出于对孕妇及胎儿安全的考虑（孕妇在飞行途中容易发生早产、流产、胎儿宫内缺氧等意外事故，而飞机上缺乏相应的医疗设备），同时也是为了维护其他旅客以及航空公司的利益。例如孕妇乘坐飞机，若在飞行中出现临产现象，出于安全考虑，飞机必须备降至最近的机场，这就会造成当次航班的延误，甚至影响后续一系列的航班，同时影响众多乘客的出行，也会给航空公司带来巨大的经济损失。尽管有研究表明妊娠期的任何阶段乘坐飞机都是安全的，但是，为了慎重起见，各航空公司通常对孕妇乘机制定了一些运输规定，只有符合运输规定的孕妇，承运人方可接受其乘机。具体的限制条件，还需要遵循各个航空公司的具体要求。

（二）孕妇旅客服务要求

（1）航空公司及机场地面服务人员应在接到有关特殊旅客（孕妇）运输电话通知后，按通知所述旅客要求的服务事项做出相应的安排。

（2）办理值机手续时，检查必备文件，例如诊断证明书、特殊旅客乘机申请书等是否齐备和符合要求。

（3）值机人员应尽量安排孕妇旅客在方便出入和易于空乘人员服务的座位上。

五、其他特殊旅客

（一）酒醉旅客

由于受酒精、麻醉品或其他毒品影响，失去自控能力，明显会给其他乘客或者航班带来不良影响的人，属于酒醉旅客。航空公司可以拒绝其登机，乘客是否属于酒醉乘客，可以根据乘客的行为、言谈和举止判断。

酒醉旅客承运基本条件：①航空公司有权根据旅客的外形、言谈、举止，对旅客是否属于酒醉状态做出判断，航空公司可以不接受运输酒醉旅客。②在旅客上机地点，发现旅客处于醉态，不适合旅行或者妨碍其他旅客时，航空公司可以拒绝旅客登机。酒醉旅客被拒绝乘机后，已购客票按自愿退票的规定处理。③在飞行中发现旅客酗酒、不听劝阻或者寻衅滋事，机长、航空安全员、其他机组成员以及经机长授权的旅客可以使用械具和其他方式，制止其行为或者对行为人实施管束。机组应提供有关证据并立即将被管束人移交所降落的民航公安机关查处。

（二）押解犯罪嫌疑人

1. 押解犯罪嫌疑人承运基本条件

（1）公安机关押解犯人，一般不准乘坐民航班机。押解犯人要从严控制，确有特殊情况需要押解的，须由押解所在地公安机关报请民航总局公安机关批准同意，并由省、市级（含）以上公安部门出具押解证明，方可接受押解运输。

（2）在执行押解犯罪嫌疑人任务前须向当地民航公安机关通报案犯的情况和准备采取的安全措施，经承运人同意后持地、市以上公安机关购票证明、押解人员身份证和工作证办理手续。

（3）运输犯罪嫌疑人只限在运输始发地申请办理订座购票手续。

（4）在办理值机手续时，工作人员需要查验旅客的押运证明，同时核查押运犯罪嫌疑人是否已经向航空公司申报并获得批准。

（5）犯罪嫌疑人及其押解人员仅限于乘坐经济舱。

（6）在有 VIP、VVIP 的航班上，不得载运押送犯罪嫌疑人。

（7）押解人员乘坐飞机时，不得携带武器。

（8）在飞行途中，押送人员应当为犯罪嫌疑人戴上手铐并作伪装。押送人员对犯罪嫌疑人在航班飞行途中的行为负全部责任。

（9）值机人员应该将航班有犯罪嫌疑人信息报航班乘务员，做好交接记录。

（10）押解犯罪嫌疑人运输过程应注意保密，不得随意向无关人员透露。

2. 押解犯罪嫌疑人服务要求

（1）押解人员、被押解人员必须提前登机，并安排在客舱尾部的三人座，让被押解人坐中间座位。

（2）飞行途中空乘人员不能为犯罪嫌疑人提供金属器皿和含有酒精的饮料。

（3）犯罪嫌疑人应该最先登机，等所有旅客离开后再下机。

相关链接：

中国民航关于押解犯罪嫌疑人乘坐民航班机程序规定

为保障民用航空安全，确保押解犯罪嫌疑人工作顺利实施，中国民航总局公安局2001 年 12 月 17 日下发了《押解犯罪嫌疑人乘坐民航班机程序规定》（民航公发〔2001〕250 号）。

1. 民航总局公安局（公安部第十五局）对押解犯罪嫌疑人乘坐民航班机工作实行统一管理、检查和监督。

2. 押解人员应当严格遵守民用航空安全管理有关规定，与民航公安机关密切配合，共同维护民用航空安全。

3. 执行押解犯罪嫌疑人任务实行"谁押解、谁负责"的原则，认真落实各项安全防范措施，保证万无一失。未采取防范措施、不能确保安全的，不准乘坐民航班机。

4. 公安机关押解犯罪嫌疑人，一般不准乘坐民航班机。确实需要乘坐民航班机押解犯罪嫌疑人的，必须报经押解单位所在地或押解出发地省、自治区、直辖市公安厅、局批准。

5. 各地公安机关执行押解任务前，必须征得航班出发地民航公安机关同意，并办理押解手续：出具所在单位介绍信、押解人员工作证件和相关法律文书，通报有关案件和被押解犯罪嫌疑人的情况，填写相应的押解犯罪嫌疑人乘机审批表。

6. 押解警力要三倍于犯罪嫌疑人，对犯罪嫌疑人可以使用必要的械具。在押解过程中不允许犯罪嫌疑人单独行动，防止犯罪嫌疑人失控。

7. 机场安全检查部门和航空公司有关部门要对押解工作积极配合。航班机组要落实机上安全措施。

8. 押解人员乘机时不得携带武器。执行押解任务要内紧外松，早上机，晚下机，避免对同机旅客造成不便。

9. 押解犯罪嫌疑人不得与要客同机。

10. 对未按规定执行或者因工作疏漏发生问题的，将追究有关人员的责任。

（三）可不接受的旅客

1. 可不接受的旅客概述

可不接受的旅客通常是指因为证件不符而被拒绝入境的遣返旅客（Inadmissible Passenger，代码简称：INAD）。

2. INAD 的类型

INAD 一般有两种类型：①没有签证或者因为护照、签证过期而被遣送回国的旅客。②护照或者签证作假而被遣送回国的旅客。

（四）额外占座旅客

额外占座旅客，是指为了个人舒适和放置手提行李而要求占用两个人或者两个以上座位的旅客。

额外占座旅客订座与购票：①旅客额外占座，应在订座时提出申请，需经过承运人同意，并填写《乘机申请书》。②额外占座旅客的免费行李额，按其所购客票票价等级和所占座位数确定。③自理行李占座，应在订座时提出申请。自理行李额外占座的旅客，其姓名后应加注代码 CBBG；额外占座的付费旅客的姓名后应加代码 EXST。④办理乘机手续时，为旅客发放一个登机牌，在登机牌上注明旅客占用的全部座位的号码。旅客带入客舱的占座行李应自行照管。旅客的座位，应该根据旅客本人的情况安排。⑤如属于特殊旅客，应遵守有关特殊旅客座位安排的规定。⑥额外占座的行李物品总重量和总体积的要求，应遵循各航空公司的相关规定。

（五）超胖旅客

超胖旅客座位不能安排在紧急出口，需要提供延长安全带给旅客。

（六）特殊餐饮旅客

特殊餐饮旅客是指由于宗教等原因需提供特殊餐饮服务的旅客。特殊餐饮旅客应提前在订票时向航空公司提出申请，如果临时提出特殊餐饮要求，只有在配餐时间允许的情况下，才可以申请临时加餐；在值机时需要注意查看是否预订有特殊餐饮的信息，并向旅客再次确认。

1. 年幼旅客餐食

（1）BBML：Baby Meal　婴儿餐。

（2）CHML：Child Meal　儿童餐。

2. 宗教类餐食

（1）HNML：Hindu Meal 印度教餐。

（2）VJML/JNML：Jain Meal 无根部素食，也叫耆那教餐食。

（3）KSML：Kosher Meals　犹太教餐。

（4）MOML：Muslim/Moslem　Meal 穆斯林餐。

3. 素食餐

（1）VGML：Vegetarian Meal 严格素食主义餐。

（2）AVML：Asian Vegetarian 东方素食，也叫亚洲素食餐。

（3）RVML：Raw Vegetarian Meal 生素食餐。

（4）VOML：Vegetarian Oriental Meal 中式素食。

（5）VLML：Western Vegetarian 乳蛋素食餐。

（6）FPML：Fruit Meal 水果餐。

4. 医疗/保健类餐食

（1）DBML：Diabetic Meal 糖尿病人餐。

（2）GFML：Gluten Free Meal 无麸质餐食。

（3）BLML：Bland Meal 清淡餐。

（4）LSML：Low Salt Meal 低盐餐。

（5）LCML：Low Calorie 低热能餐。

（6）LFML：Low Fat Meal 低脂肪/低胆固醇餐。

（7）PFML：Peanut Free Meal 无坚果类餐食。

（8）LPML：Low Protein Meal 低蛋白质餐。

思考题

1. 你是如何理解特殊旅客的？

2. 无成人陪伴儿童乘坐飞机，请描述从机场到登机过程中，机场地勤人员可以向他提供哪些服务?

3. 某日一位成人旅客携带两名婴儿以及一位 12 岁的儿童在值机柜台办理乘机手续,请为他们办理乘机手续。

4. 一名轮椅旅客在值机柜台办理乘机手续,作为值机人员应如何办理?

5. 在登机口引导旅客登机时,发现一位有明显酒气和醉意的旅客,在登机口工作的地勤人员需要怎么做?

第八章　重要旅客的运输服务

 **学习目标**

明确重要旅客的分类标准
了解重要旅客的订座、购票以及变更、退票的相关规定
掌握重要旅客的地面服务程序
了解头等舱休息室服务内容

一、重要旅客的范围

（一）重要旅客概述

重要旅客是指旅客的身份、职务重要或知名度高，乘坐飞机时需给予特别礼遇和照顾的旅客。这些旅客的满意度对航空公司的社会声誉非常重要，会产生相当大的社会效应。重要旅客是航空运输保证的重点，认真地做好重要旅客的运输服务工作是民航运输服务工作中的一项重要任务。因此，机上乘务员需要为重要旅客提供高质量高标准的服务。

（二）重要旅客分类

1. 非常重要的旅客（Very Very Important Person 代码简称：VVIP）

（1）我国党和国家领导人；

（2）外国国家元首和政府首脑；

（3）外国国家议会议长和副议长；

（4）联合国秘书长。

2. 重要旅客（Very Important Person 代码简称：VIP）

（1）政府部长、省、自治区、直辖市人大常委会主任、省长、自治区人民政府主席、直辖市市长和相当于这一级的党、政、军负责人；

（2）外国政府部长；

（3）我国和外国政府副部长以及相当于这一级的党、政、军负责人；

（4）我国和外国大使；

（5）国际组织（包括联合国、国际民航组织）负责人；

（6）我国和外国全国性重要群众团体负责人；

（7）两院院士。

3．工商界重要旅客（Commercially Important Person 代码简称：CIP）

（1）工商界、金融界重要、有影响的人士；

（2）中国十大功勋企业家、国内知名企业主要领导等。

（三）重要旅客服务原则

（1）重要旅客的订座、售票、信息传递和服务工作应有专门和指定人员负责，由航空公司直属售票处或者指定的售票处负责办理重要旅客订座和售票工作。

（2）对重要旅客乘坐班机，相关部门必须提供良好服务，做好保密工作。

二、重要旅客订座

（1）重要旅客订座、购票应给予优先保证。

（2）重要旅客订座，接待单位需出示单位介绍信。承运人应优先安排，给予保证，如人数较多安排有困难时，应立刻向上级部门反映汇报。对重要旅客的乘机动态，要加强保密，尽量缩小告知范围。

（3）经办人应为重要旅客购票的人员详细填写"旅客订座单"。订座时应询问以下情况，并做好记录：航班（含联程、回程）、日期；姓名、职务、特别服务要求、随行人员人数、联系电话、联系人、是否愿意公开身份等情况，并通知始发站、中途站和到达站及重要旅客乘坐飞机所属公司的要客服务部门。

（4）订座时 VIP 及随从人员的订座情况一律为"OK"状态，VIP 的职务及其随行人员一行的人数信息需在 PNR 的 OSI 项目中注明。

（5）始发站的要客服务部门应在重要旅客乘坐航班飞行前一天编制次日航班的重要旅客名单表，并于航班飞行前一日分别送给管理局、公司、机场或省局、航站、分公司的领导和各有关部门。对临时收到的要客信息要及时补充通知。

（6）重要旅客需要预定联程、回程座位时，接受订座单位应及时向联程、回程站拍发订座电报，并在 OSI 项中注明 VIP 字样、职务（级别）和特殊服务的要求。

（7）联程、回程站接到重要旅客订座电报后，应保证座位并及时拍发答复电报。

（8）始发站的值机部门在航班起飞后，应立即拍发要客 VIP 电报，通知各有关中途站和到达站的要客服务部门，要客服务部门再通知驻机场各有关单位领导和各有关业务部门。要客电报应包括航班、日期、飞机号码、要客姓名、职务、人数、行李件数和舱位等内容。

（9）航班不正常时，始发站相关部门应及时将航班延误情况发电告知各有关经停站和到达站要客服务部门，要客服务部门应及时报告有关领导、部门和接待单位。凡有重要旅客订座、购票的航班，不应随意取消或变更。如有变更，应尽早通知重要旅客的购票单位，并做出妥善安排。

三、重要旅客客票填开

（1）客票填写应在重要旅客的姓名后加注 VIP 字样。

（2）客票内所填项目应与订座记录逐一核对，并交值班主任检查，确保航班号、日期、起飞时间正确无误。

（3）出票后应归档登记，按照规定时间向机场有关部门拍发电报。

（4）若出票后，重要旅客需要更改日期、航程或者取消订座，应及时通知机场有关部门。重要旅客的订座记录全部资料需要妥善保管。

四、重要旅客机票变更及退票

重要旅客机票变更及退票原则应遵循以下几点：

（1）重要旅客变更乘机日期，必须更改 PNR 中的航段组，或者重新建立 PNR，但是不要忘记取消原订座记录，取消续程航班座位前，要与原订票单位进行核实。

（2）机票办理妥当后，要求变更或者取消时，需要认真复核原订座单姓名、乘机日期等，并更改重要旅客登记本。如果是前日已报过的重要旅客，应及时通知机场重要旅客室，取消或者变更重要旅客记录。

（3）重要旅客退票核对无误后，取消 PNR，从重要旅客登记夹中取出原订座单，注明"重要旅客已退票字样"。

（4）重要旅客一行多人的票，退票或者换成非重要旅客客票时，先取消 PNR 中重要旅客的姓名，取消 OSI 组，保留其他旅客座位。若是重要旅客需当天退票，应及时通知有关部门。

（5）重要旅客所订航班，若变更起飞时间，应及时通知订座单位。

（6）重要旅客变更或取消座位要做详细记录，并在 RMK 组中注明通知人姓名及通知变更或取消的时间。

五、重要旅客服务程序

一般来说，重要的乘客有着一定的身份和地位，他们比较典型的心理特点是自尊心、自我意识强烈，希望得到应有的尊重和相匹配的礼遇。与普通乘客相比，他们乘坐飞机的机会较多，他们会更注重环境的舒适和接受服务时的心理感觉。服务人员在为他们服务时要态度热情、语言得体、落落大方，针对他们的心理需求采用相应的服务（图 8 - 11）。

重要旅客是航空运输保证的重点，认真做好重要旅客的运输服务工作是民航运输部门的一项重要任务。根据中国民航总局发布的《关于重要旅客乘坐民航班机运输服务工作的规定》，重要旅客的服务程序应按照以下服务内容进行。

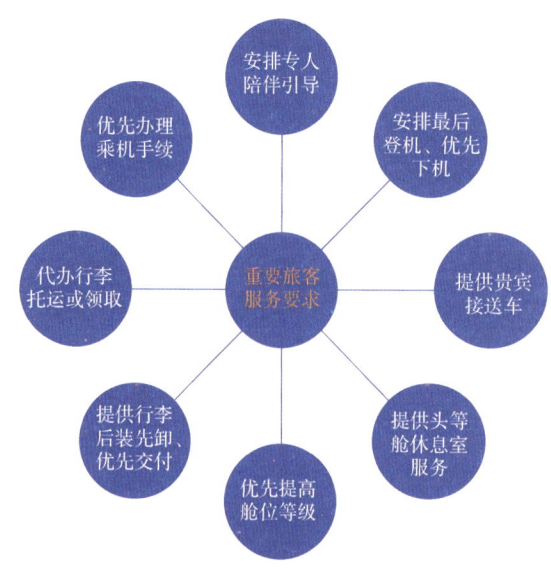

图 8-1　重要旅客服务

（一）高度重视重要旅客运输服务工作

（1）对重要旅客，值班领导要亲自迎送；对国务委员、副总理以上的重要旅客，各单位主要领导要亲自迎送。

（2）航空公司、省局、航站要设立要客服务部门，并将该部门的职责、电话号码等通知当地党、政、军等有关部门。

（3）要客服务部门要选派有经验、表现好、责任心强的人员参加。

（二）优先为重要旅客办理乘机、到达手续

（1）重要旅客及其随行人员的乘机手续在头等舱柜台办理，有额外的免费托运行李和随身携带物品。

（2）值机部门应优先为重要旅客办理乘机、行李交运、联运等手续。优先提高舱位等级，在未设头等舱的航班上，应尽可能地将较舒适的座位提供给重要旅客。

（3）对于重要旅客随行人员的认定，以获得的重要旅客信息为准。

（4）重要旅客的行李要贴挂"重要旅客"标志牌。装卸时，要逐件核对，防止错运、丢失或损坏。始发站和经停站在装卸行李、货物时，要将贴挂"重要旅客"标志牌的行李放置在靠近舱门口的位置，以便到达站优先卸机和交付。

（5）重要旅客办理乘机手续时，应为重要旅客本人和持有头等舱客票的随行人员填发"头等舱服务卡"。

（6）重要旅客到达目的站后，应先向重要旅客交付交运行李。

（三）重要旅客的地面接待服务工作

1. 出港航班引导服务

（1）接到重要旅客的通知之后，值班主任应提前做好安排，让各部门做好准备。

（2）要客服务部门应派专人协助重要旅客办理乘机手续和提取行李。

（3）值机员为重要旅客办完值机手续之后，与引导员做好交接工作。

（4）引导员需陪伴和引导重要旅客通过安检，到达贵宾休息室休息，贵宾休息室的服务人员要按规定着装，举止大方，热情有礼貌，主动、周到地做好服务工作。

（5）引导员必须掌握航班信息，及时将航班起飞时间通知重要旅客。

（6）引导员在航班记录本上注明重要旅客的休息室、座位号等信息。登机前拿好交接单到贵宾休息室等候迎送重要旅客。

（7）登机时，应由引导员负责引导重要旅客上机。如飞机停靠机位远，应事先安排好车辆接送。

（8）重要旅客上飞机时，机场工作人员应把《重要旅客服务交接单》（见图 8 - 2）递交给乘务长，并在交接单上签字，做好与空乘人员的交接工作。

重要旅客服务交接单

机组确认 VIP 旅客信息		有：		无：		日期：
航班号：			航段：			
飞机号：		登机/停机位：			起飞时间/到达时间：	
VIP 姓名：		职务：		序号：		座位号：
备注：						
乘务员/签字时间： /		值机员/签字时间： /			服务员：	

图 8 - 2　重要旅客服务交接单参考样式

（9）送完重要旅客后要对交接单进行留存、记录。

（10）航班如遇延误，应首先安排好重要旅客的休息和食宿。

（11）不愿公开身份的重要旅客乘坐飞机时，免去迎送工作，但在旅客上飞机的地方引导员应做好地面服务工作，并通知机组做好机上服务工作。

2. 进港航班引导服务

（1）重要旅客服务部门应该及时了解旅客信息，掌握航班的进港动态，随时做好服务准备；

（2）在飞机到达前 1 小时，重要旅客服务部门将航班信息通知接待单位；

（3）在飞机到达前 10 分钟，将接待人员引导至停机位；

（4）如飞机停靠远机位，事先安排好车辆；

（5）飞机到达后，引导员与空乘人员做好交接工作，并在交接单上签字；

（6）行李部门应立即按照重要旅客行李到达信息卸机，应优先卸下带有 VIP 字样标志和头等舱旅客的行李。

（7）引导重要旅客到指定的区域，为重要旅客提取托运行李，向重要旅客交付托运行李并与 VIP 接机人员进行交接；

（8）对 VIP 交接单进行留存和记录。

相关链接：

1994 年，中国民用航空总局公布实施了修订后的《关于重要旅客乘坐民航班机运输服务工作的规定》。规定显示，要客乘坐航班，可享受一系列高于普通旅客的优质服务。其中包含为要客提供订票优先、行李交付优先等优质服务。在过去几十年时间里，这一规定成为各航空公司、机场为要客服务的重要准则。

重要旅客乘坐飞机，航空公司和机场都会给予高度的重视，从订票、值机、安检、行李托运到航班的退改签，重要旅客都比普通旅客享受到更热情、更周到、更贴心、更便捷的服务，这一直以来也是中国民航服务领先于其他服务的地方。

然而，随着社会的发展，旅客对服务的要求也在与时俱进地改变，我们长期形成的服务流程和服务标准可能已经不能满足民航重要旅客的需求。重要客人在享受服务的过程中需要什么？什么样的服务是真正的重视客人呢？

首先，我们要重视客人，最简单的方法是记住客人的姓名，并亲切地称呼出来。姓名是一个人最宝贵的东西，不论面对的是大人物或小人物，姓名代表一个人的自我，能够记住对方的姓名，也是让对方的自我受到尊重，对方才会有被重视的感觉。

其次，重视旅客特别爱好。在服务制度建设中鼓励并奖励员工记录并报告旅客特别爱好，公司要根据旅客一次次出行的特别爱好，运用大数据技术逐步建立和完善重要旅客档案。有了这样的档案，我们可以在不打扰旅客的前提下随时随地为旅客提供个性化服务。

第三，以适度服务取代殷勤服务。重要旅客来自不同职业、不同民族和不同文化环境，随着重要旅客的素质提升，越来越多的人不希望在出行过程中被过多打扰。因此，我们在为他们服务的时候也要因人而异，不能以硬性的流程或标准要求员工，毫不顾忌旅客感受地提供过分"殷勤"的服务。

第四，服务流程要更多关注重要旅客隐私，尽量避免与其他旅客流程交叉。特别是航班非正常情况下的重要客人服务，更需要避免流程上的不合理，以免引发公众对重要客人的不满，避免公共危机事件。

最后，要充分尊重重要旅客，特别是在非正常航班服务的时候。对旅客的尊重是旅客知情权和选择权的结合，当出现非正常航班的时候，对于重要旅客更要保障其足够的知情权和充分的选择权，对于旅客的选择，我们要给予最大限度的支持和保障。尽量避免简单地刻板地按照服务标准和流程提供服务沟通的情况。

民航的重要客人服务是民航服务的重要组成部分，是航空公司和机场高度重视的服务内容。重要客人的满意和忠诚不仅关系到民航行业形象，更是航空公司和机场可持续发展的支持和保障。因此，做好重要旅客的服务，不仅是提升民航服务品质的需要，更是航空公司、机场经营发展的动力。

（来源：中国民航管理干部学院）

六、头等舱服务程序

机场头等舱休息室是专门为乘坐飞机的头等舱乘客和重要旅客准备的，旅客在通过安检之后、未登机之前，可进入头等舱休息室休息（图8-3）。

图8-3　贵宾休息室

（一）准备迎客

（1）布置清扫休息室，检查服务设备是否完好，服务器具是否齐全。

（2）提前预热毛巾，开启服务设备，准备好茶点。

（3）微笑站立等候迎接旅客。

（二）服务过程

（1）头等舱服务人员应提前了解当天哪些航班有头等舱客人以及重要旅客。

（2）当接到重要旅客已到达的通知或头等舱旅客到来时，服务人员应主动上前迎接。

（3）主动问候，自我介绍，并提供茶点、小毛巾等，服务需热情周到。

（4）头等舱服务人员应了解旅客乘机时的服务需求，事先征求旅客意见选择先上或者后上飞机。

（5）随时关注旅客所乘航班信息，并主动告知旅客。

（三）送客及善后工作

（1）通知登机时，服务人员应将头等舱旅客或重要旅客交与引导员，并向旅客礼貌道别。

（2）旅客离开后，服务人员应及时打扫卫生，查看有无遗留物品，如有需要立即送上飞机交还给旅客。

相关链接：

贵宾休息室，国际航线的金字招牌

贵宾休息室是航空公司在地面上体现高端服务品质的最重要一环，相当于地面的头等舱服务，同时它也是商务旅行体验的一个重要环节。对于许多经常坐飞机的旅客来说，机场休息室是他们除客舱以外待得时间最长的地方，还有一些常旅客甚至将体验贵宾休息室变成他们乘机旅行的重要目的。

全球的航空公司对贵宾休息室建设都十分重视，不惜血本为贵宾休息室打造最好的环境，按摩座椅、私人办公桌、临时会议室、豪华卧室等应有尽有，美味可口的食物全天候无限量供应，殷勤周到的服务随叫随到。为了方便长途旅行的高端旅客在到达机场后参加商务活动，专门提供淋浴设施并配备专业理发师提供免费理发和剃须服务，甚至提供免费衣物烫熨服务。总之，尽可能提供豪华五星级饭店所能提供的一切服务，宗旨就是要通过机场休息室让旅客感觉到像家一样方便和温馨舒适，甚至有过之而无不及。

业内专家认为："国际长航线的旅客往往是有一定经济基础的旅客，也是典型的商务旅客，他们更加在意旅行的体验，更加需要优质的旅行服务，也愿意为此买单。所以贵宾休息室应该成为国际长航线的标准配置，优秀的休息室服务会给航空公司带来良好的口碑，对品牌有极大的提升作用，进一步增强航空公司的竞争力。贵宾休息室已经成为全球航空公司展示实力的窗口，成为一种新的竞争趋势。"

同时，业内专家还进一步分析："贵宾室在国际航线中，对中转旅客的重要性高于始发乘客，对国际洲际航线的重要性又高于国内航线。如果航空公司致力于打造一个好的国际中转枢纽，就必须配一个好的贵宾室。"

（来源：民航资源网）

ooo⇒ **思考题**

重要旅客有哪些分类？我们如何做好对重要旅客的地面保障工作？

第九章　旅客运输不正常服务

 **学习目标**

了解误机、漏乘、错乘旅客的服务
了解使用不合规定客票乘机旅客的处理
掌握无票乘机旅客的处理
掌握无订座记录旅客的处理
掌握航班座位超售的处理

第一节　误机、漏乘、错乘旅客的服务程序

一、旅客误机

"误机"是指旅客未按规定时间办妥乘机、登机手续或因其旅行证件不符合规定而未能乘机旅行。

如旅客未能办理乘机手续误机，地面服务人员应与旅客确认误机时间，并签注在旅客的客票或行程单上，以便旅客办理客票变更或退票。旅客办理乘机手续后误机，为旅客签注原因或出具证明，按"少旅客处理"相关规定办理，修改离港系统记录，退还旅客乘机联（纸质客票）和已交运的行李，把旅客的电子客票状态修改为"Open for Use"。

误机旅客如要求改乘后续航班，需在航空公司及其代理销售部门办理改乘手续。旅客误机，按其票价相应规定办理自愿变更或退票。

误机旅客如要求变更航班或签转承运人，按航空公司的客运销售手册有关规定处理。

二、旅客漏乘

"漏乘"是指旅客在航班始发站办理登机手续后或在经停站过站时未搭乘上指定的航班。

由于旅客本身原因而造成漏乘，按旅客误机规定办理。如果是航空公司或其地面服务代理人原因造成旅客漏乘，应向旅客做好解释工作，尽早安排旅客乘坐后续航班（包括联程航班）成行，同时在候机期间免费提供膳宿。如旅客要求退票，按非自愿退票的有关规定办理。

旅客在过站时发生漏乘，属于旅客原因的，航空公司不承担任何责任。如旅客当时提出继续旅行，航空公司应协助安排后续航班，所产生费用由旅客自行承担。如旅客自愿终止旅行，未使用航段票款不退。如属航空公司或其地面服务代理人原因，应尽可能安排旅客乘坐后续航班，如当天没有航班前往目的站，漏乘旅客在候机期间应由航空公司免费提供膳宿。如旅客要求退票，退还未使用航段的票款，但所退票款不得高于原付票款，不收取退票费。

旅客办理乘机手续后因临时发病不能乘坐原航班，旅客要求退票，在航班始发站提出，退还全部票款；在航班经停站提出，退还的票款金额为旅客所付票价减去已使用航段相同折扣率的票价金额，剩余部分全部退还给旅客；但所退金额不得超过原付票款金额。旅客临时因病不能乘坐原航班，可为旅客免费改签后续航班，但等候后续航班期间的膳宿费用由旅客自理。

三、旅客错乘

"错乘"是指旅客乘坐了不是客票上列明的航班。始发站发生旅客错乘后，及时通知前方中途站或到达站，并提出处理意见。经停站和到达站发现错乘，应通报旅客的错乘站。航空公司负责在错乘目的地安排错乘旅客搭乘最早航班飞往原客票目的地，或安排错乘旅客返回始发地。旅客在错乘的到达站提出终止旅行，按非自愿退票处理其客票。航空公司要为该旅客提供必要的膳宿。

第二节　使用不符合规定客票乘机旅客的服务程序

一、出发前发现客票不符合规定

旅客在机场办理乘机手续、换开客票、证实续程座位时，根据有关文件、通知，发现或怀疑其所持的客票是所报失（被盗）或伪造的，应马上将此人阻留，及时向上级业务部门和保卫部门报告，以做详查和处理。立即收集该旅客的资料，包括：①旅客姓名、性别、年龄；②国籍、永久及临时住址、电话；③职业、工作单位地址；④护照号码（或其复印件）；⑤客票的购买日期、地点，客票的来源（从何人手中购得）；⑥购票的实际金额。此外，应附上该客票的详细资料，例如客票号码、出票单位、出票日期、地点、代理人（代售点）、付款方式等。

如持票人牵涉该案，将其交公安保卫部门，同时航空公司地面服务保障部门应作如下处理：①在始发站发现，拒绝其乘机；②在中途站发现，终止其乘机，并根据相关规定加倍收取自始发站至中途站的票款；③在到达站发现，须根据相关规定收取自始发站至到达站的票款。

如经确查，证实旅客与该案无关，则请旅客提供有关线索协助调查，并作如下处理：①出示有关文件等证据，向旅客做好解释工作，说明值机部门不能接受其客票，并将收回此客票作废；②如旅客要求继续其旅行，则请旅客重新购票，再为其办理登机手续；③如旅客要求，值机部门可为旅客出具证明。

二、起飞后发现伪造或报失客票

若航班起飞后发现伪造或报失客票，出发站应立即通知各经停站和机票上的到达站，收到通知后，经停站和到达站应作如下处理：①原则上，飞机在中途站停留时，应根据前站来电指示，将所指旅客阻留以作调查；如果在中途站未能找出该旅客，则应迅速将有关情况通知下一站。②如经调查后可放行，则应收回所指客票仍在旅客手中的续程航段部分，同时收回已使用航段票。③将有关详情上报各相关业务部门。

第三节　无票乘机旅客和无订座记录乘机旅客的处理

一、无票乘机旅客的处理

（一）无票旅客的服务程序

无票乘机又称"偷乘"，是指无票非法乘机，一般是利用伪造的登机牌或其他办法混上飞机或提前隐藏在飞机上。

飞机起飞前发现偷乘旅客，应拒绝旅客乘机，将其阻留并送交有关业务部门和保卫部门调查和处理，并将此事向有关主管部门汇报。

飞机起飞后发现有偷乘者，应通知下一经停站或到达站。经停站或到达站接通知后作如下处理：①立即通知当地保卫部门和其他有关部门；②飞机到达后，立即将偷乘者阻留并调查其从何途径偷乘上机；③尽可能收回偷乘者所乘航段费用；④向各有关部门报告。

（二）预防工作

机场地面服务保障部门应严格把关，准确核对机上人数和办理乘机手续人数是否相符。严禁非工作人员进入办理登机手续的场所，并加强对登机牌、行李牌等业务用品的管理规定。

二、无订座记录乘机旅客的处理

旅客持订妥航班的客票前来办理手续，但订座记录上无该旅客订座的情况，持该种客票的旅客称为无订座记录旅客。

如航班有空余座位，安排此类旅客的次序为：①已订座，但座位被取消；②曾经订座的旅客；③持不定期客票或订妥续程航班的旅客；④一般旅客；⑤持优待折扣票的旅客。

如航班无空余座位，则需协助旅客等候后续航班的候补成行。

第四节　航班座位超售的服务处置程序

一、航班超售（超编）

1. 航班超售（超编）定义

超售是指航班在办理乘机手续前，其实际订座人数大于该航班执行机型可利用座位数。航班由于机械、飞机调配等原因引发的机型更改、航班合并，最终造成的航班旅客"溢出"不属于"超售"的范畴，而统称为"超编"。

2. 超售（超编）处理原则

（1）对超售（超编）航班，按规定的时间关闭值机柜台。航班值机关闭前，不能接收无订座记录旅客，停止接收各类职优、公务票。

（2）因航空公司原因，旅客的舱位等级变更（即非自愿提高座位等级或非自愿降低座位等级）时，票款的差额多退少不补。

（3）如客舱座位超售（超编），旅客非自愿提高或降低座位等级，按逐级升舱或降舱的原则安排旅客座位。

（4）若改乘后续航班，还应按延误标准为旅客提供膳宿及补偿。

（5）如无特别要求，超编航班等同超售航班处理。

（6）旅客退票按非自愿退票办理，免收退票费，在退款单上应注明"航班不正常"或"超售"字样。

二、超售（超编）前期处理

1. 准备工作

（1）机场地面服务保障部门应提前掌握出港航班超售（超编）情况，通过航班订座情况查询航班超售（超编）信息，并事先了解后续航班时刻、客座率情况等信息。①列出座位应予优先保证的旅客名单，必要时可预留出机上座位；②需要安排提升舱位等级的，选择出候选旅客名单；③需要安排降低舱位等级的，选择出候选旅客名单；

④对发生超售时可能先乘坐的旅客，如持各类免票和优惠票的旅客（团体导游和常客的免票优惠票除外）以及无订座记录的旅客，暂缓接受办理手续，待航班关闭时如有剩余空位才可按先后到达顺序接受办理；⑤了解可以签转的其他航班有无空位，如无直航，应联系销售部门，为旅客安排最快、最经济的转机航班，并预先订位。

（2）在值机现场及时发布公告征募超售航班自愿弃乘旅客、降低航班实际超售人数、确保航班效益最大的同时，有效保证服务质量。

（3）准备补偿金和《非自愿弃乘赔偿及免责书》。

2. 招募自愿者

（1）适用航班。计划范围内全部国内、国际及地区正班、加班航班。包机、包销航班不在此范围。

（2）适用旅客。①已购买并订妥该航班座位；②持有有效机票；③符合乘机旅行应具备的基本条件；④在规定停止办理值机手续前到达值机柜台；⑤接受相关补偿条件，放弃原订座位。

（3）招募补偿标准。①已订妥该超售航班座位的旅客，如经工作人员解释说明后能够自愿配合候补，无论是否当班成行，均可得到额外奖励；②确因航班超售未能当班成行的自愿者，享受补偿待遇。

（4）责任免除。①因违反政府规定被拒绝乘机者；②拒绝接受安全检查，拒绝执行乘机相关规定，包括未按广播通知登机者；③因行为及健康状况不能满足公布的乘机需求者；④持免票（里程兑换免票除外）或特殊折扣票的旅客；⑤持员工优惠客票及相关协议单位优惠客票的人员。

（5）招募程序。①机场地面服务保障部门负责自愿者征募及补偿工作的具体实施，并依据规定反馈超售旅客名单信息；②销售部门在国内航班起飞前3小时、国际航班起飞前8小时将航班超售的具体情况通知相关机场地面服务部门；③机场值机应在值机现场公开发布航班超售公告；④按照国内航班超售量50%、国际航班30%的比例征募自愿者；⑤征得自愿者同意后，为旅客办理补偿手续，请旅客填写《非自愿弃乘补偿及免责书》；⑥对自愿者致以谢意的同时请其继续等候，如航班起飞前仍有空余座位，为旅客办理乘机手续，并引导旅客快速登机；⑦如自愿者未能当班成行，按超售补偿标准及延误补偿标准累计补偿，以及其他后续安排（如改签、住宿等）；⑧航班关闭后，地面服务部门按要求填写运输、财务报表，及时将超售情况反馈。

三、航班实际超售（超编）的处理

1. 处理原则

（1）在登机口以竞标的方式征询自愿下机者。如有自愿下机者，给予一定的现金补偿，并根据需要提供食宿。

（2）拉下未能当班成行的旅客，应安排到当天最早的后续航班或签转到其他航空公司航班上以使旅客成行。

（3）当天航班安排不了的，安排次日最早航班。除免费安排食宿外，还应按标准给予旅客现金补偿。请旅客签署放弃索赔单据，并向旅客致歉。

（4）由于高等级舱位超售（超编）出现降舱时，值机部门人员应在旅客机票或行程单上注明"降舱"，原则上旅客需回原出票地退还差额，并按超售补偿标准给予补偿。

（5）旅客不接受住宿安排，可一次性给予旅客住宿费用补偿。

2. 超售（超编）导致旅客非自愿提高座位等级的处理

（1）如果较低等级客舱座位超售（超编），高一等级的客舱座位不满时，非自愿提高旅客座位等级应以不影响经停站的头等舱/公务舱座位安排为原则，联程航班优先选择第一航段的旅客。

（2）根据非自愿提高座位等级规定，按座位等级逐级提高的顺序，免费为旅客提供高一等级的舱位（即按 Y、C、F 顺序逐级提高）。

（3）非自愿提高座位等级选定旅客的顺序依次为：①重要旅客；②头等舱/公务舱旅客；③正常票价的旅客；④特殊票价的旅客。

（4）处理程序：①在离港系统中输入相应的"UPG"信息，发放相应等级客舱登机牌，或在原登机牌上手工注明，并向旅客做好解释工作；②打印非自愿升舱旅客的座位号及姓名信息，并与客舱乘务长签字交接；③非自愿升舱旅客的免费行李额及配餐标准按原付费舱位标准实行；④尽量将提高等级的旅客与原头等舱或公务舱旅客分隔开，以免影响原头等舱或公务舱旅客。

（5）航班是两个或两个以上航段时，中途站不得因该站出发有经济舱可利用而将非自愿提高座位等级旅客的座位改变为经济舱。

（6）在旅客电子客票行程单或纸质客票"签注栏"内填写"因超售非自愿提高等级"或"Involun Uggrade Due Oversale"。

3. 超售（超编）导致旅客非自愿降低座位等级的处理

（1）安排旅客非自愿降低座位等级时不得选择重要旅客。

（2）当高等级舱位超售（超编）、较低等级舱位仍有空余座位时，按以下顺序选定旅客：①无订座记录旅客；②优待折扣票旅客；③乘机航段最短旅客。

（3）航班的头等舱或公务舱旅客超售：①地面服务保障部门对非自愿降舱旅客，应耐心解释、致歉，为旅客签注"降舱"说明，原则上旅客需回原出票地退还差额，并按超售补偿标准给予补偿；如条件许可，现场退还旅客的客票差价。②按原付费舱位标准提供行李优先运输及休息室服务；③非自愿降低座位等级在两个或两个以上航段时，应以 SIM 电报（Service Irregularity Message）通知前方站，如在中途站有较高等级客舱座位可利用，应及时给予调整。

（4）处理程序。①在始发站。a. 向旅客说明情况并表示歉意。b. 给旅客在较低等级客舱内安排较满意的座位。c. 通知乘务员给予特别照顾。d. 免费行李额仍为原付费舱位相应的免费额。e. 退还旅客原付费舱位与降舱舱位的票款差价。若旅客的客票是境外购买的，则在旅客电子客票行程单或纸质客票"签注栏"内注明"因超售非自愿降低等级"或"Involun Downgrade Due Oversale"字样，旅客回原出票地点退还差额；f. 航班为两个或以上航段的联程航班有旅客非自愿降低座位等级时，航班始发站应通知航班经停站。②在经停站。a. 当经停站收到前方起飞站发来的"旅客非自愿降低座位等级的通知"时，应为旅客提供必要的服务，以减少旅客的不适感；b. 如航班有较高等级的座位（降舱旅客原付费舱位）可利用，应给旅客调整，票款不补。

四、拉下旅客的安排

（1）航班超售需要拉下旅客时，应按如下原则：①尽可能在已领登机卡或已登机的旅客中，以竞标的方式征询自愿下机者；②原则上按以下顺序选定拉下旅客：a. 持优免机票的非本公司旅客。b. 持优免机票的本公司旅客。c. 低舱位旅客（特殊服务旅客除外）。

（2）拉下的旅客应按如下办法妥善处理：①安排到当天最早航班（含绕道航班）或签转到其他航空公司航班以使旅客成行；②当天安排不了的，安排次日最早航班。免费安排停留当晚及直至有航班的后续几晚的食宿，让旅客签署免责书，同时交付补偿金给旅客；③旅客不能接受住宿安排的，可按赔偿标准给予一定的赔偿，并让旅客签署免责书，同时交付赔偿金给旅客。

五、后续服务

（1）旅客退票。旅客要求退票的，除按非自愿退票规定办理外，还应按超售补偿标准进行补偿。

（2）更改航程。①旅客自愿更改航程。旅客自愿更改航程，原客票按自愿退票处理，重新购买新航程的客票。②旅客非自愿更改航程。旅客非自愿更改航程，票价按多退少不补的原则办理。收取旅客原客票（纸票）的乘机联，使用中断舱单为旅客更改新的航程，在原客票（纸票）旅客联的航程栏上更改航程，盖章并注明"已更改航程"；电子客票换开中断舱单更改新航程。

第十章 机场候机服务

 学习目标

了解候机楼内的旅客服务设施
了解航站楼内的信息服务系统
掌握旅客医疗急救的基本常识

第一节 航站楼的基本服务设施

航站楼（主要指旅客航站楼，即候机楼）是一种机场内建筑，其功能是供乘机旅客办理乘机手续和登机之用。小型机场一般只有一个航站楼，大型机场会有多个航站楼。航站楼的设计不仅要考虑其功能，还要考虑环境、艺术氛围及民族（或地方）风格等。

航站楼的使用者可分为四类，即旅客及迎送者、航空公司人员、机场各驻场单位有关工作人员、商业经营者。航站楼及设施应该最大限度地满足上述四类人员，特别是旅客及迎送者的各种需求。

按照航站楼基本设施不同的服务功能，将航站楼的基本设施划分为基础服务设施和商业服务设施两大类，主要包括以下内容。

一、基础服务设施

按照 IATA 及 MH/T5104—2006《民用机场服务质量标准》的要求，航站楼需保证旅客顺畅完成进出港流程，并提供基础的服务设施。航站楼基础服务设施可分为流程类服务设施和保障类服务设施两类。

（一）流程类服务设施

1. 票务柜台

航站楼内设置有票务柜台，向旅客提供客票销售、退订、改签等票务相关服务。

2. 乘机手续办理柜台（值机柜柜台）

旅客需要在乘机手续办理柜台办理乘机手续以及行李托运。以首都机场为例：首

都机场国内航班的柜台开放时间为航班起飞前 120 分钟，柜台关闭时间为航班起飞前 45 分钟。

首都机场国际航班的柜台开放时间：T2 为不晚于航班起飞前 150 分钟，T3 为不晚于航班起飞前 180 分钟。柜台关闭时间为不早于航班起飞前 60 分钟。

3. 检查设施

（1）安全检查设施。为确保航空安全，旅客在登机前必须接受人身、手提行李、托运行李安全检查。在进行安全检查时，旅客需准备好有效身份证件和登机牌，人身经过金属探测门检查，行李需要经过 X 射线安全检查设备检查。必要时，安检人员将进行手工人身检查和行李开箱包检查。

（2）政府联检设施。政府联检包括海关检查、边防检查和检验检疫，是乘坐国际航班旅客必须经过的检查流程。各国的联检要求和办理顺序不尽相同，但各个环节设置的位置会视处理流程和旅客便利而定，以保持旅客流的通畅。

4. 机械化代步设施

航站楼内每天都有大量的人员在流动。为方便人们在航站楼内活动，特别是增加旅客在各功能区转换时的舒适感，航站楼通常会装设机械化代步设施，如电梯、自动扶梯、自动人行步道等。

（二）保障类服务设施

1. 问询柜台

航站楼设置有问询柜台，为进出航站楼旅客提供帮助，包括旅客流程指引、航班信息查询、旅客须知解答、航站楼旅客服务设施指引等。

2. 失物招领柜台

通常情况下，航站楼内设置有失物招领处，提供航站区范围内失物的受理、认领、查询等服务。失主认领失物时，需说明遗失物品的名称、特征、遗失日期、遗失地点等相关信息，经过确认后，出示有效身份证件进行领取登记。失主本人不能到柜台提取失物时，可委托他人代取，代领人需出示失主的委托书及代领人的有效身份证件。

首都机场旅客服务

1. 旅客服务中心

首都机场各航站楼内均设置有旅客服务中心，为旅客提供服务预约、安检暂存物品返还、特殊旅客陪伴等服务项目。中心共有六大功能分区，分别为：前台接待服务区、后台服务及旅客等待服务区、暂存物品储存区、旅客休息区、会议室、员工休息区。

2. 机场服务大使

在航站楼内各问询柜台、旅客服务中心、失物招领处均有机场服务大使（图 10-1），向需要帮助的旅客提供信息查询、流程指引等服务。

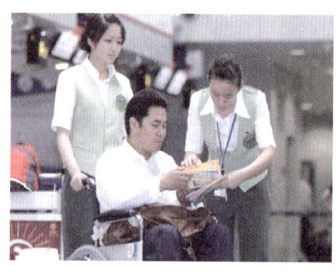

图 10 - 1　服务大使

3. 服务热线

首都机场服务热线通过人工、自动语音等方式为旅客提供 24 小时航班、机场巴士行车路线、航空公司电话等各类型服务信息查询以及旅客投诉受理等电话问询服务业务。

4. 旅客服务手册

首都机场各楼内设置有旅客服务手册领取处，手册内容包括流程、服务设施、商业、资讯以及安全出行提示等信息。

3. 休息座椅

为了满足旅客候机、休息使用的需求，航站楼内设置有牢固、舒适、清洁、多种类（座椅、躺椅、沙发等）的旅客座椅（图 10 - 2）。座椅摆放会考虑旅客使用地面电源、观看多媒体电视和航班信息显示屏的便捷性，间距合理，整齐有序。

图 10 - 2　机场休息座椅

航站楼座椅配置数量依据

航站楼座椅配置数量依据旅客高峰小时量测算：出发大厅一般为 10% 的旅客提供座椅；值机大厅一般为 5% 的旅客提供座椅；候机区一般为 70% 的旅客提供座椅；行李提取厅一般为 5% 的旅客提供座椅；中转厅一般为 5% 的旅客提供座椅。

4. 饮水设施

航站楼内设置有公共饮水设施（图10－3），向旅客提供符合卫生标准的饮用水，旅客可根据需要自行取用。通常情况下，航站楼内还设置有无障碍饮水设施。

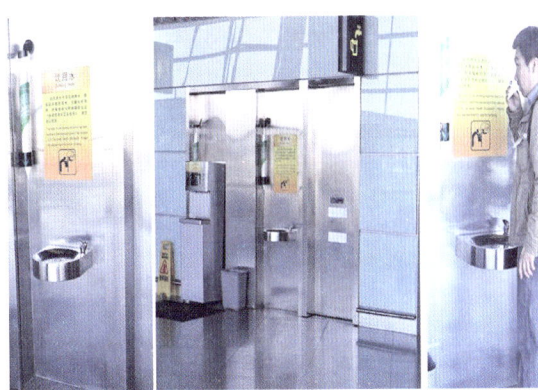

图10－3　饮水设施

5. 行李手推车

通常情况下，航站楼出港大厅入口处、安检现场后方、候机区域、进港大厅、行李提取厅等区域设置有行李手推车存放点，向旅客提供充足的手推车（图10－4），旅客可根据需要自行取用。

图10－4　大行李手推车和小行李手推车

首都机场行李手推车

首都机场配备大、小两种规格行李手推车，大行李手推车的使用区域为隔离区外，小行李手推车的使用区域为隔离区内。手推车上均设有醒目、清晰的使用说明及安全提示信息。

6. 公用电话

通常情况下，航站楼内设置有 24 小时国内直拨及可拨打市区的公共电话，提供 IC、IP 卡售卖或投币电话服务。

首都机场设置有一键通电话，旅客可通过快捷键直接与航空公司、机场问询、行李搬运、消防报警、失物招领、医疗急救站等处取得联系，为旅客提供便捷服务。

7. 卫生间

为方便旅客使用，航站楼内旅客流程涉及区域设置有卫生间。通常情况下，卫生间的数量和面积与机场旅客流量相适应，卫生间内配备有符合国家环境保护规定的清洁用品，不间断提供卫生纸、洗手液及擦手纸巾，并设置自动烘手机，厕位内设置有挂钩并具备放置行李的空间。

首都机场卫生间

首都机场的卫生间设计已经从关注旅客基本使用需求扩展到为旅客提供愉悦出行体验。卫生间的门以中国元素手绘画装帧，精品卫生间的洗手台面及分割镜面的石材为山水纹理石，洗手台中间加装可以起到补光作用的侧镜前灯。

2012 年 6 月 5 日世界环境日当天，首都机场依据"一样的舒适，不一样的未来"的环保理念，推出"环保示范卫生间"。环保示范卫生间采用牛奶料纸包装的夹心纸层再生而成的高档环保生活用纸，使用无磷环保泡沫洗手液以及可循环使用的毛巾卷，并以侧板消毒机代替马桶坐垫纸。

2011 年，首都机场荣膺 Skytrax "全球最佳机场卫生间"殊荣。

8. 特殊服务设施

（1）母婴室。通常情况下，航站楼的卫生间会匹配设置母婴室，除了向旅客提供卫生纸、洗手液及擦手纸巾等基础清洁用品外，还设置有婴儿打理台、休息座椅、自动烘手器等服务设施，并提供隐秘哺乳空间。

（2）更衣室。通常情况下，航站楼内配备旅客更衣室，并设置相应的引导标识，方便来自不同气候带的旅客及时更换衣物。更衣室内设置有座椅、镜子、挂衣钩等设施。

（3）充电设施。航站楼内登机口候机区域、值机大厅旅客集中区域等设置有充电设备。充电设备主要分为立柱式多功能充电器、桌板式多功能充电器、地插式充电器等，旅客可通过充电设备为手机、电脑等电子设备充电。

（4）儿童活动区。通常情况下，航站楼候机区域内设置有儿童活动区，向儿童旅客提供安全清洁的游乐设施。

（5）无障碍设备设施。为满足残障旅客的出行需求，通常情况下，航站楼内在旅客流程涉及区域会设置无障碍设施，主要包括无障碍电梯、无障碍卫生间、无障碍座椅、盲道、坡道、低位电话、低位柜台等。同时会在明显位置设置残障旅客服务呼叫设备或安排相应工作人员，根据旅客需要提供陪护服务。

首都机场的登机口闪烁提示灯

首都机场在航站楼各登机口区域的航班显示屏的提示信息具有闪烁功能，主要用于提示聋哑旅客登机信息。闪烁信息内容包括无障碍国际通用标识和飞机起飞标识，并有"正在登机"的字样。

（6）医疗服务设施。通常情况下，航站楼内设置医疗服务站，为旅客提供航站楼内出诊、急救及救护车接送、转送病人等服务，并备有各种急救药品和常用药品。近年来，部分机场还在航站楼内配备了 AED 自动体外心脏除颤仪设备。

二、商业服务设施

航站楼内的商业服务设施主要包括购物餐饮设施、休闲娱乐设施和便利服务设施。购物餐饮设施、休闲娱乐设施可以为旅客提供更多的消费选择；便利服务设施能够满足旅客的各种便利需求，增强旅客乘机的愉悦感。

（一）购物餐饮设施

航站楼内公共区域、隔离区域以及停车楼（场）等设置有零售商店、便利店、餐饮店等购物餐饮相关设施，国际隔离区域内还设置有免税商店，各店面营业时间满足相应区域内的航班运行需要。

（二）休闲娱乐设施

通常情况下，航站楼内设置有能够为旅客提供休闲和娱乐的服务设施，如计时休息室、网络服务（计日上网以及无线网络服务）、足疗按摩、瑜伽室等。

首都机场无线网络服务（WIFI）

首都机场为旅客提供 24 小时免费无线网络服务，旅客通过以下方式获取上网账号密码，即可完成认证，顺利登录互联网。

1. 自助一体机：旅客在航站楼内 WIFI 自助一体机上扫描二代身份证或护照、港澳通行证，即可免费获取上网账号。

2. 手机短信：旅客在首都机场 WIFI 主页输入中国国内手机号码，即可通过手机短信获取上网账号和密码。

3. 腾讯微博/QQ 账号：旅客使用腾讯微博账号或 QQ 账号即可认证登录机场 WIFI 网络。

4. 中国电信手机用户专享：中国电信手机用户有独立的认证窗口，旅客在该窗口输入中国电信手机号及事先获得的 WIFI 上网密码，即可轻松上网，不需要单独申请机场账号。

5. 中国联通手机用户专享：与中国电信用户相同，中国联通手机用户也有独立的认证窗口，凭联通手机号码和联通提供的免费 WIFI 密码，即可轻松上网。

（三）便利服务设施

1. 电瓶车

为节省旅客步行时间、帮助行动不便的旅客及时到达目的地，航站楼内通常会提供电瓶车运送服务。电瓶车在规定区域候客载客，其驾驶员具备驾车相关资质。

2. 行李服务

（1）行李打包。为旅客行李提供封装业务，包括行李封装服务以及封装材料（纸箱、行李封装带、行李封装用塑料薄膜等）销售服务。旅客可视自己行李的情况决定是否封包。

（2）行李寄存。航站楼内设置有行李寄存处，为旅客提供 24 小时行李寄存以及提取服务，并配备完善的行李安检、监控系统和安全保护措施。通常情况下，行李寄存分为按小时存和按天寄存。

（3）行李搬运。航站楼内设置有行李搬运服务点，旅客可呼叫或直接使用行李搬运服务。通常情况下，行李搬运服务为有偿服务。

3. 金融服务

航站楼内旅客流程涉及区域设置有金融服务设施，包括银行、自助取款机、货币兑换处等，满足旅客储蓄、取款、汇兑等业务需求。

4. 程赁业务

（1）手机租赁。手机程赁柜台提供日/韩手机租赁、日本无线上网卡租赁、美国 SIM 卡销售、欧洲 SIM 卡销售服务。

（2）汽车租赁。汽车租赁柜台可提供商务长期租车、商务短期用车、旅游用车、庆典及大型活动用车、个人租车服务。

5. 航空意外保险

航站楼内设置有航空意外保险售卖柜台，向旅客提供不同价格水平的航空保险产品售卖服务。航空意外保险由旅客自愿选择是否购买。

6. 邮政服务

航站楼内设置有邮政服务设施（如邮局），为旅客提供国内、国际信函包裹邮寄等服务。

7. 旅游及宾馆咨询

航站楼内设置有专用服务柜台向旅客提供旅游及宾馆相关咨询服务，包括景区景点的交通、路线、住宿、娱乐等信息咨询，各种档次宾馆（酒店）预订等。

8. 商务中心

航站楼内设置有能够为旅客提供上网、收发邮件、复印、传真、拨打长途电话服务的商务中心。

9. 自助服务设施

航站楼内设置有旅客自助服务设施，如自助信息查询终端设备、自动售卖机、自助售卡机等，以满足旅客便捷服务需求。

首都机场自助照相机

2012 年，首都机场在航站楼内增设了自助照相机。自助照相机既可以拍摄证件照，也可以拍摄趣味照。旅客通过简单的自助操作，即可得到自己所需的各类照片，打印时间仅需 7 秒钟。

第二节 机场信息服务系统

一、机场信息服务系统概述

近年来，借助互联网技术高速发展的东风，大数据、云计算、互联网、物联网技术蓬勃发展，齐头并进。民航产业的发展进入快车道，作为民航业配套设施的机场建设也越来越被重视，将传统机场融合数字化管理等技术与应用也渐渐明朗。未来，智慧机场的落成与实施将会给人们生活运输带来妙不可言的好处。

基于民航领域领先的物联网、互联网、大数据技术，不断加强机场全流程、全方位航班流的预警能力，全面开启"智慧机场解决方案"。"智慧机场"建设，着重在敏捷生产运行、个性化出行体验、全方位安全保障、精细化企业管理、创新经营模式等方向，帮助机场全面提升跨部门运行和协作效率，进一步提升机场运行品质和航班服务水平。

二、离港系统

离港系统（Departure Control System）是为机场提供旅客值机、航班配载、航班数据控制、登机控制、联程值机等信息服务，可以满足值机控制、装载控制、登机控制以及信息交换等机场旅客服务所需功能的系统。系统终端硬件包括：登机牌打印机、行李牌打印机、登机牌扫描设备、自助值机设备等。

三、行李处理系统

行李处理系统（Baggage Handling System）是使用条码识别技术和智能控制技术对旅客托运的行李进行集中传送、分拣与处理的自动化系统（图 10 - 5）。通常情况下，行李系统主要包括值机皮带、安检设备、行李分拣转盘及进港行李提取转盘（图 10 - 6）等。

图 10 - 5　行李处理系统

图 10 - 6　行李提取转盘

　　从首都机场 3 号航站楼进进出出的旅客肯定想象不到，他们脚下还隐藏着一个地下行李系统"迷宫"，这座迷宫占地面积约 120 000 平方米，由出港、中转、进港行李处理系统，行李空筐回送系统，早交行李存储系统组成，是目前国际最先进的行李自动分拣、高速传输、五级安检系统。

　　行李在值机柜台被贴上独特的"身份证明"——行李标签，在无线射频技术的支持下，无论到达系统的哪个角落都能被追踪到。这套系统还具备早交行李的功能，极大改善了目前航空公司对办票时间的限制，即使提前半天到达机场的旅客，也可随时办票和托运行李，免去拽着沉重的行李箱逛来逛去的麻烦。3 号航站楼早交行李的处理能力达到每小时 4 000 件，几乎是一个中型机场的高峰小时行李数量。

四、航班信息显示系统

　　航班信息显示系统（Flight Information Display System）是通过 LED、LCD、PDP、CRT 等信息显示设备，向旅客和机场工作人员发布航班信息、登机信息、公告信息、服务信息等实时信息的系统。航班信息显示系统主要由航显服务器、系统控制工作站、显示屏和航显系统数据库、航显应用软件等软硬件设备组成。

首都机场航班信息显示系统

首都机场三座航站楼在旅客进出港流程涉及区域均设置有航班信息显示设备，其中，一号、二号航站楼设置有 260 台等离子显示屏、313 台液晶显示屏和 4 块超大液晶显示屏；三号航站楼设置有 537 台等离子显示屏、768 台液晶显示屏和 8 块超大液晶显示屏。

五、广播系统

广播系统（Paging System）是由自动广播软件实现语音合成和逻辑控制，集中或分区播放航班动态信息、值机信息、登机信息和机场服务信息，具有人工广播功能的系统。广播系统一般采用计算机控制，由基本广播、自动广播、消防广播三个基本部分组成，播放方式可分为人工广播和自动广播两种。

六、时钟系统

时钟系统（Master Clock System）主要用于为进出港旅客及机场工作人员提供准确的时间服务，避免因显示时间差异造成不必要的矛盾与纠纷，同时也为计算机信息系统提供标准的时间源，以便协调航站楼内部部门间的统一工作。

七、旅客捷运系统

旅客捷运系统（People Mover）或称自动旅客捷运系统（Automated People Mover），是一种无人自动驾驶、立体交叉的大众运输系统，通常设置于规模较大或者拥有多座航站楼的机场，目的是便于旅客在各航站楼之间流动，缩短旅客步行距离，提高机场运行效率。

自动旅客捷运系统在机场的应用

如今，大型国际机场在多航站楼运营格局下，通常采用旅客捷运系统连通各航楼间旅客流程。全球首个拥有旅客捷运系统的机场是美国坦帕国际机场。目前，美国、德国、加拿大、日本、法国、瑞士等许多国家的主要大型机场都采用了自动旅客捷运系统，有些机场的旅客捷运系统还会与其城市铁路系统接驳。首都机场是国内率先启用旅客捷运系统的民用机场，通过旅客捷运系统实现三号航站楼内国内乘机区域与国际乘机区域的连接。

八、楼宇设备自控系统

楼宇设备自控系统（Building Automation System）是对航站楼内冷热源系统、空调通风系统、风机盘系统、变配电系统、给排水系统、泛光照明系统及其他机电设备等进行自动监测、控制和管理，从而实现航站楼机电设备的自动化，起到集中管理、分散控制、节能降耗的作用。

九、门禁管理及闭路电视监控系统

（1）门禁管理系统。航站楼通过门禁管理系统实现对楼内所有管理用房和设备用房等的安全防护，以及进出航站楼人员有效的身份识别，杜绝因非工作人员的随意闯入而引发安全事件。门禁管理系统是高度安全化与集成化的系统。

（2）闭路电视监控系统。闭路电视监控系统（Closed Circuit Television）是安全技术防范体系中的一个重要组成部分，是一种先进的、防范能力极强的综合系统，它可以通过遥控摄像机及其辅助设备（镜头、云台等）直接观看被监视场所的一切情况，可以对被监视场所的情况一目了然。

通常情况下，在航班运行期间航站楼闭路电视监控系统的完好率不应低于98%，应有规范的管理制度，并监控到位，符合 MHI/T5017—2004《民用机场航站楼闭路电视监控系统工程设计规范》的规定。

第三节　旅客医疗救护

一、旅客医疗救护定义

旅客医疗救护简单地说就是为伤、病的旅客提供医疗服务。

二、旅客医疗救治

（一）患病旅客到急救站（室）就诊

在航站楼内，患病旅客可根据航站楼内医疗急救引导标识，自行前往急救站（室）寻求医疗救助。

按照《民用运输机场应急救护设备设施配备》（GB18040—2008）要求，机场急救站（室）配备了急救箱、监护除颤仪、便携式呼吸机、心电图机、吸引器、吸氧设备、诊断床、快速血糖检测仪等急救设备、设施，不但可以为旅客提供常见疾病的诊治，而且可对危害旅客进行救治。当旅客的病情超出急救站（室）的救治能力时，医护人员将根据患者病情和患者要求及时安排运送到医院进一步救治，转运患者到医院救治采取"就近、就急、就能力"的原则。

（二）患病旅客需医护人员出诊

若患病旅客病情致其无法自行前往急救站（室），可通过拨打医疗急救电话通知医疗救助人员前往其所在地出诊。

如果患者需要就地抢救，工作人员将疏散周围旅客并搭建围挡；如果患者没有陪同人员，工作人员将协助联系家属或航空公司（或代理）。如果患者在航空器上，并且不能行走，工作人员将联系升降车将患者转移到地面救护车上进行救治。当旅客的病情超出急救站（室）的救治能力时，医护人员将根据患者病情和患者要求及时安排运送到医院进一步救治。

AED

AED（ Automated External Defibrillator，自动体外除颤器），是一种便携式、易于操作、专为现场急救设计的急救设备。AED 有别于传统除颤器，可以经内置电脑分析和确定发病者是否需要予以电除颤。除颤过程中，AED 的语音提示和屏幕显示使操作更为简便易行。需要注意的是，只有经过培训取得相关证书的工作人员才可以使用 AED。

AED 使用方法：

1. 把除颤器放在伤病者身旁，按下开关，启动除颤器。

2. 取出电极片，将保护膜去除，然后根据电极片上的提示将电极片紧贴在伤病者右锁骨以下和心尖部皮肤上。

3. 将电线插头连接除颤器。

4. 停止心肺复苏，提醒在场其他人士"请勿接触伤病者"，等待除颤器分析心律。

5. 若除颤器显示"建议点击"，应再次大声提醒旁人"请勿接触伤病者"，同时确认没有人与伤病者直接或间接接触。

6. 按下"电击"键。

7. 除颤完成后继续进行心肺复苏。

8. 除颤器显示"不需电击"，立即施行心肺复苏，2 分钟后，重复分析心律步骤。

图 10 - 7　AED 自动体外除颤器

三、航空医疗转运

航空医疗转运通常包括急救飞行（急救包机）和普通航班转运，转运的旅客需事先得到航空公司适航许可。购买担架位或需要提供医疗服务的旅客需要联系机场急救中心提供地面的医疗服务。

通常情况下，转运预约至少在转运前 24 小时向航站楼急救站提出，并完成相关预约审核手续，预约人可以是患者的家属、专业的转运公司或医院的医生等。预约时应通过电话和传真提供以下具体信息：①旅客及随行人员的基本信息：包括姓名、性别、出生日期、国籍、有效证件号等。②旅客的航班信息：包括航班号、到达/出发时间、机位等。③旅客的诊疗经过、适航证明、目前情况及特别需求（如需要使用呼吸机、输液泵等）。

四、传染病流行期间的旅客救助

传染病（尤其是经呼吸道、接触传播的传染病）流行期间的防控措施严格按照国家相关部门及行业内的规定执行，一般开展以下工作。①旅客监测：开展旅客体温检测，填写《旅客健康登记卡》等。②环境卫生：机场保洁人员加强对公共场所、公共设施的消毒。③加强宣传：机场医疗部门在航站楼内开展针对旅客的传染病知识宣传，对旅客和驻场单位员工开展个人防护知识宣传。④加强救治：机场医疗部门按照卫生部、卫生局及民航业的要求，按照"早发现、早诊断、早治疗"的原则开展防控和救治工作。

五、旅客适航建议

随着人们生活水平的提高、民航事业的发展以及旅游热的兴起，乘飞机外出办事和游玩的人越来越多。在空中旅行，人体生理功能会受到一些特殊的影响，例如：飞行中加速度对前庭器官的影响，容易导致晕机病；大气压力降低的机械作用，易引起胃肠胀气、航空性中耳炎和航空性鼻窦炎；高空中缺氧也会引起不同程度的反应。这些因素使患有某些疾病的人不能乘飞机。

（一）心血管系统疾病

（1）心绞痛患者，近期若有明显的心绞痛发作，则不宜乘机旅行。

（2）心肌梗塞患者，如症状已缓解，经 6～24 周或更长时间的观察，没有心功能代偿障碍，并能行走较长距离和登上一层楼梯也不出现明显呼吸困难或心动过速者，可以乘机旅行。

（3）严重心律失常、心功能衰竭、瓣膜中重度狭窄和高血压脑病者，不宜乘机旅行。

（4）对于脑血管意外患者，建议病情平稳后再乘机旅行。

（二）呼吸系统疾病

（1）病情平稳的哮喘、支气管扩张等患者，可以乘机旅行，但注意必须随身携带常用药品；

（2）重度肺纤维化、肺气肿等患者，不宜乘机旅行。

（三）血液系统疾病

严重贫血或刚接受过输血的患者，不宜乘机旅行。

（四）消化系统疾病

（1）患急性阑尾炎的患者，不宜乘机旅行。

（2）腹部大手术者，待手术后6周病情平稳者，可以乘机旅行。

（五）精神障碍或神经系统疾病

（1）精神障碍者不能单独乘机旅行，确需乘机，应在专职医护人员的看护下乘机。

（2）癫痫患者乘机时易发病，故乘机前应服治疗药物。

（六）五官科疾病

（1）急性鼻窦炎和急性中耳炎患者不宜乘机旅行（包括耳咽管和鼻窦孔阻塞者）。

（2）中耳手术后或鼓膜修补术后的患者，伤口愈合一个月后才可乘机旅行。

（3）视网膜炎、视网膜脱落、青光眼急性发作期等患者不宜乘机旅行。

（七）传染病

传染病患者在传染期内禁止乘机旅行。

开放气道常用方法和人工呼吸方法

1. 开放气道常用方法

（1）仰头提颏法：最常用的方法，患者仰卧位，急救者位于患者一侧，一手小鱼际置患者前额用力使头部后仰，另一手食中指于下颌骨部分向上提，使下颌尖、耳垂连线与地面垂直。

（2）压额抬颈法：急救者一手压住患者额部，另一手掌抬高患者颈部，使下颌尖、耳垂连线与地面垂直。

（3）推举下颌法：用于颈椎损伤的病人。急救者位于患者头侧，两手拇指置于患者口角旁，余四指托住患者下颌部位，在保证头部和颈部固定的前提下，用力将患者下颌向上抬起，使下齿高于上齿。

2. 人工呼吸方法

（1）口对口呼吸：最为常用的方法。急救者正常呼吸，吸气后用按压前额手的食指和拇指捏住患者鼻翼，将口罩住患者的口，将气吹入患者口中。连续 2 次吹气。

（2）口对鼻呼吸：急救者稍用力上抬患者下颌，使口闭合，吸气后将口罩住患者的鼻子，将气体吹入患者鼻孔。

气道异物阻塞急救方法

1. 上腹部冲击法

救护者站在患者背后，双臂环抱患者上腹部，让患者上身向前倾。

救护者一手握拳，经拇指侧顶住患者腹部正中线肚脐上方两横指处，另一手掌紧握拳手，两手用力向患者腹部后上方冲击式挤压，约每秒钟冲击一次，可连续 5 次，每次冲击动作要明显分开。

如异物未被排出，可重复上腹部冲击动作。

2. 胸部冲击法

如患者为孕妇或由于肥胖不适宜使用腹部冲击法时，救护者可按压患者胸骨下半段（避免压迫剑突）。连续按压 5 次后观察效果，无效时可重复进行。

第十一章　机场商业服务

 **学习目标**

掌握国内机场内的商业服务规划
掌握进出机场的交通服务渠道
了解主要运作模式及未来的发展方向
重点掌握新闻危机管理和媒体应对方式

第一节　候机楼内基础商业服务规划

经济文化的发展与交流使我国的交通运输行业得到了长足发展，这也带动了交通枢纽内部商品销售行业的快速发展，成为一种全新的经济增长形式。英国人首先发现了机场航站楼内蕴藏的商机，出现了最早的航站楼商品零售。现如今各国航站楼的商业服务模式已经更加完善，尽管我国在这方面的发展相对落后，但机场数量不断增加，导致该领域内的竞争局面越发激烈。

一、国内机场航站楼商业服务的基本特点

（一）航站楼商业服务的体系比较全面
从目前的情况来看，机场航站楼内的商品服务包括小商品零售服务、餐饮服务、便利商品服务、休闲娱乐服务等。从发展情况来看，餐饮服务的发展情况和经济收益的效果在一定程度上高于其他服务模式，这主要是因为餐饮是人类最基本的行为活动之一。虽然机场内的环境相对宽松、舒适，但是在高峰时期，也会出现候机室座位不足等问题，所以很多旅客选择在航站楼内的餐饮服务部门消磨登机前的时间。

（二）航站楼商业服务的商品具有明显的本土化特色
生活水平的不断提高使人们消费观念不断提升。在休闲旅游、工作出差结束之后，很多人会从旅行地点购买具有当地特色的商品作为纪念。但是很多人由于旅途繁忙并没有过多的选购商品的时间，所以机场消费成了一种不错的选购特色商品的途径。目

前，国内大部分机场的经营管理人员紧紧围绕旅客的这种消费心理，所销售的商品大多具有明显的本土化特色，像当地特有的小吃、特色活动的纪念章、吉祥物等。一些规模较大的国际机场也开始售卖中国特色产品，比如京剧脸谱、檀木工艺摆件等。

（三） 机场航站楼的商业服务呈现出便利、生活化的特点

机场提供的商品销售主要以零售行业为主，所以机场内的商品除具有本土化特色之外，也逐渐呈现出了生活化的特点。比如有些机场除了设立了专门的商品零售柜台之外，还开设了便利店，其中售卖的商品既包括糖果、饮料、食品这些小商品，也包括箱包、服装、日化产品等，有些机场也开始售卖书籍等精神消费产品。

（四） 机场航站楼内商业服务的服务理念更加完善

由于天气变化、气流影响等原因，各大机场经常会出现航班延误等状况，这种问题通常会对旅客的消费选择造成较大的影响。为了解决这种问题，提高旅客的满意程度，目前很多机场已经从商业服务的角度入手提高整体的旅客服务体验水平，不断完善商业服务的理念，注重以旅客为中心、站在旅客的角度上思考服务模式的提升方式。比如为旅客提供休闲娱乐服务，以此降低旅客在候机过程中产生的疲劳感以及一些负面的不满情绪，部分机场还考虑到乘机旅客购买的商品比较多，开设了物流和快递服务，这不仅为旅客提供了更多的便利，也刺激了旅客进一步消费。

二、国内机场航站楼商业服务的主要运作模式

（一） 自营模式

这种模式的特点在于各个销售点之间的竞争压力比较大，但是这种模式没有中间商赚取差价，既可以提升销售商的盈利空间，也可以降低消费者的购物成本。这种模式主要存在于机场非航空性质商业服务发展的初级阶段，现如今这种模式已经基本消失。

（二） 由机场经营者组织招标竞标活动从外界招商

成功竞标的商家可以在机场航站楼内拥有销售点，机场直接向其收取固定的租金费用。这种运作模式的优点在于，将航站楼内的商业位置作为商品出租之后，机场经营者不必花费更多的心思就可以实现盈利的目的。同时将商位通过租赁的形式租给商家将会进一步提高商家的产品服务意识，提高商品和服务的质量，争取扩大盈利空间，从而实现了商家与机场经营人员双赢的局面。但是这种经营模式的弊端在于，将商位租赁给商家之后，机场经营管理人员不能直接参与商品的经营活动环节，在日常的经营活动过程中，部分商品的质量可能难以保证，对消费者的权益造成一定的侵害。

（三）底租与销售业绩提成相结合的模式

相对于其他经营运作模式而言，这种模式可以有效地降低商家的经营运作风险，但与此同时，机场的经营管理人员将与商家共同承担经营管理的责任，在进行商品销售的过程中，需要对商家的销售行为进行更加全面的监督管理。商家提供的产品和服务质量越高，销售成绩就越突出，机场经营部门也就会相应地得到更多的提成收入。所以这种模式将原本商家一方的责任变成了机场与商家共同的经营责任，在现阶段内更加适用。

三、未来国内机场航站楼商业服务的发展方向

（一）完善商业服务模式

通过前一部分的分析可知，目前机场航站楼的商业运作模式比较复杂，各种模式都存在着各自的优点和缺点。商业服务的基本模式对商业服务的整体质量具有重要的影响作用，所以选择适当的商业服务模式十分必要。现阶段消费者不仅看重商品的经济价值和使用价值，也非常看重商品的服务特性，所以自营模式已经逐渐失去竞争价值。租金收取的模式可以帮助机场经营者实现盈利的目的，也可以为机场经营管理人员简化管理流程和模式，但是这种模式并不适用于所有规模的机场，小型机场的日常运作活动相对简单，对销售商品的质量要求更高，为了保证商品的质量，这种经营管理的模式并不适用。从目前情况来看，底租与销售提成结合的模式适用性较强，它将机场的经营与商品销售者的盈利空间结合为一体，实现了公平效益的原则，既可以督促商家为旅客提供更好的产品和服务，也能够进一步刺激消费者的消费行为，扩展机场与商家的利润空间。

（二）控制机场航站楼的商品价格

长期以来，高昂的商品价格都是阻碍机场商业进一步发展的主要原因，有些旅客宁愿从外部购买商品也不会选择机场内的商品。机场商品价格过高的原因主要包括两个方面：一方面商家受到经济利益的驱使，抓准了旅客迫切的购物和消费心理，因此将价格提升，以便扩大盈利空间。另一方面，商家租赁航站楼的商业位置每年都是一笔巨大的开支，商家在没有盈利之前，就已经投入了过大的成本，为了收回成本获取盈利，很多商家选择提升商品价格的方式。经过调查，绝大部分旅客不在机场购物都是出于经济方面的考虑。无论是零售还是餐饮业，都受到了这种影响。近年来，机场经营者采用底租加提成的经营模式，与商家一同承担经营风险，以此实现对商品价格的调节和控制。这样一来，机场内部销售的商品就不会与其他商店的商品有过于悬殊的价格差异，消费者在购买商品时的顾虑也会大大降低，在机场内的消费行为与之前相比将会明显提升。

（三）提高航站楼的服务质量

商品的产品质量与服务质量是消费者在消费购物中最为重视的两项指标。任何一项商品不合格都会降低消费者的消费热情，导致消费行为的失败。所以，想要扩大经济利益，就一定要注重提高商品的质量和服务水平。为此，一定要做到以下几点：首先，机场的经营管理人员应该与商家共同承担经营的风险，积极参与到商家的商品购进、销售、售后服务等环节中，对商家所选择的商品进行严格的质量监控与检验，对于一些存在质量问题的商品一定要严格处理，通过给予销售者罚款等严厉的处罚，杜绝此类事件的再次发生。其次，随着航站楼商业经济的不断进步与规模的不断扩展，每隔一段时间，商家都会大规模地进货、补货。尤其是餐饮行业，每天的进货任务都比较重。为了减轻机场工作人员的工作任务，机场内需要形成严格的商品质量监督管理体系，以法律和制度的形式，使商家充分重视商品质量问题，并不定期地对商家的产品质量进行检测。此外，除了商品的使用质量之外，商品的服务质量如今已经成了影响消费者消费心理的重要指标，所以商品销售人员一定要注意规范自身的商品销售行为和语言，在商品销售的过程中一定要为消费者提供耐心、细致的服务。为此，机场经营管理部门应该联合商家定期对销售人员进行销售技能培训，从销售礼仪、销售技巧、个人形象等多个方面提高销售人员的素质。

（四）营造良好的商业氛围

消费行为受到多种因素的影响，除了消费者个人的购物意愿以及商品的质量服务之外，良好的购物氛围也是一项非常关键的影响因素。当消费者处在一个商业氛围特别浓郁的环境时，通常会产生比较强烈的消费欲望，为此，机场航站楼内一定要注重商业氛围的营造。首先，商家应该尽可能多地购进一些品牌辨识度较高的商品。一些商品虽然质量上乘，但是由于知名度欠缺很难引起消费者的消费欲望，而知名度较高的商品更能贴合消费者的心理需求，尤其是在看到其他旅客购买商品之后，这种消费意愿会更加强烈。其次，在提升商品质量的同时为顾客提供更好的售后服务保证。目前，机场内零售的商品类型丰富，旅客的消费不仅仅停留在食品、小工艺品等小商品上，但是对于类似箱包一类价格比较昂贵的商品，消费者仍旧存在较大的顾虑。为此，销售者要为消费者提供良好的售后服务保证（比如所购买的商品可以进行全国质量保修等）。销售者还应向旅客提供全面的信息传达服务（比如商品优惠活动等）。

（五）完善商业服务体系

目前有些机场已经开始为旅客提供休闲娱乐服务，但是大多处于初级发展阶段，无论从休闲项目还是配套设施方面都还存在着许多不足。因此，在未来阶段内，提高休闲商品的质量和服务水平势在必行。这种服务能够更加贴合乘客的消费心理，让旅客感受机场的人性化服务。

知识扩展：

Self Service | 机场自动售货机出现新应用

现在处处可见低头族在机场，为了抓住这些旅客，不少机场对自动售货机进行了创新，增添了新应用，为机场低头族提供手机休闲互动的自助服务，也推进机场的商业服务。

机场自助新服务多集中在手机休闲服务区，分为饮料、照片打印、水果、食品、旅行用品、咖啡机等部分。为了方便旅客用手机购物，自动售货机一来可支持多种手机支付，如银联、支付宝、微信支付等，二来提供多种饮料、零食、生活用品、奖品。其中，零食包括泡面、巧克力、饼干，生活用品则包括卫生棉、口罩、免洗洗手液，甚至包括玩偶、飞机模型等。另外，为了吸引旅客的目光，自动售货机还提供互动小游戏，如投篮球、砸金蛋、角子老虎等，让旅客玩游戏并中奖。除这些新应用，自动售货机仍提供手机打印照片、手机充电，以及手机扫描延误航班机票（登机牌）、享受打折优惠等服务。

运营成功的自动售货机，必须拥有三大理念，也就是安全第一、服务至上、顾客优先。同时，需要一切以安全为前提，严格遵守食品卫生安全法规，投保意外事故险。另外，需要将自己定位于服务型企业，努力以优质的服务为经营者创造价值，并理解顾客需求、尊重顾客利益。

免税店

免税店是经海关总署批准，由经营单位在中华人民共和国国务院或其授权部门批准的地点设立符合海关监管要求的销售场所和存放免税品的监管仓库，向规定的对象销售、供应免税品的商店。目前，我国境内的免税店主要有口岸免税店、运输工具免税店、市内免税店、外交人员免税店、供船免税店及我国出国人员外汇免税商店。

2017 年 12 月 1 日，《公共服务领域英文译写规范》正式实施，规定免税店标准英文名为 Duty - Free Store。销售对象主要有因公出国人员、远洋海员、华侨、外籍华人、港澳台同胞、出国探亲的中国公民及在国内的外国专家等。

餐饮店

旅行中的用餐体验是决定服务体验满意程度的关键，也是旅客不可避免的花费，因此目前中国多个机场的定制体验是根据中国旅行者的餐饮需求而设计，并从中取得利益。

在餐饮业态与布局方面，机场会根据旅客构成与走向，布局餐饮业态。不管在出发层、出发厅、到达厅，都以一站式多餐饮业态运营，让旅客不管在国内安检、国内办票，还是国内到达出口，都有机会可以便捷地用餐。

机场也致力于提供本地化的品牌，尤其是本地特色餐饮（如上海人家、海南印象、杭州小吃等），以迎合定制化的本地概念。同时，推出品牌中的大众流行元素，在品牌餐饮中融入旅客需求最多的菜式种类，如鲜虾麻婆豆腐、湘味香辣水煮牛肉、老干妈驴肉，并供应定制化的季节元素，像冬天的玉米汁、南瓜汁，以及夏天的芋头碎冰。

要保持高质量与高水平的餐饮，经营者必须在食材的选择、标准的执行以及服务管理上努力，并提供旅行化设备（如免费网络、插座）方便旅客用餐。经营者还须重视人才的聘请与培训，员工自身的素质和对待客人的态度，是决定客人是否用餐并且是否会成为回头客的重要因素。同时，高性价比带来高旅客渗透率。例如：特价提供特定时段的餐饮、优惠价格的本地美味、优雅的用餐环境搭配高档的菜品与中等的价格，以及一流食物、服务和环境支撑的高价格。

第二节　机场候机楼的交通服务

机场是一个开放系统。在空侧，机场通过跑道、停机坪、飞机等与外界进行客货交流；在陆侧，机场又借助各种道路、车辆与外界实现沟通。只有空侧、陆侧交通的各个环节达到均衡，机场才能正常运营。地面交通形式的多样化和航站区陆侧的多功能，使机场陆侧交通的组织及城市交通系统的衔接变得非常复杂，甚至可能成为制约机场发展的瓶颈，因此妥善、全面地规划显得尤为重要。

一、地面交通方式和功能

机场的陆侧交通方式是多种多样的，下面将介绍常见的交通方式及其功能。

（一）机场高速公路

机场高速公路是连接机场与城市市区的高速公路，为机动车提供快速行驶、通达机场的便利条件，具有通行能力大、运输效率高的特点。据统计，绝大部分机场至少有不低于70%的交通量是由高速公路来承担的，可以说机场高速公路是机场地面交通运输的"动脉"，为了提升地面运输能力，很多大型机场建有两条以上的高速公路，如美国亚特兰大机场拥有四条州际高速公路。

（二）轨道交通

轨道交通是目前枢纽机场着力发展的交通方式。机场与城市轨道交通接驳后，旅客可以从城市不同地点到达机场。相对而言，轨道交通具有运量大、速度快、安全、准时等特点，且不会发生拥堵，一些专用轨道交通车辆的舒适程度堪与航空旅行媲美。

知识扩展：

首都机场已开通两条连接机场的高速公路，分别是北京机场高速公路、机场第二通道高速公路。

北京机场高速公路：全程19千米，共有8个出口，于1993年通车，高速公路的主要路线为北京东直门至首都机场。这条高速公路与北京二环、三环、四环和五环路互相连接，交汇点分别是东直门、三元桥、四元桥、五元桥，另在三元桥和北皋与101国道连接。

机场第二通道高速公路：全程11.5千米，共有9个出口，于2008年6月21日通车，是2008年奥运会的交通配套工程之一。这条高速公路起自东五环平房桥，终于北京首都国际机场三号航站楼，与机场南线高速公路交于管头桥。

北京机场轨道交通线（中文简称为机场线或机场快轨，英文全称为 Airport Express 或 Airport Beijing City，英文简称 ABC），为北京市城市轨道交通系统的一条营运线路，属于2008年北京奥运会的交通配套工程之一。线路起自市区的东直门，终于北京首都国际机场，全程28.1千米，经过北京市东城区、朝阳区、顺义区三个行政区，沿途预定设置4座车站。

（三）常见交通工具

机场地面交通可采用多种交通方式，如个人小汽车、出租车、机场巴士、公共汽车、城市捷运系统等。每种方式都各有特点，都需要相应的设施。

1. 出租车

出租车是往来机场常见的交通方式。通常在航站楼内或距航站楼一定距离范围内，划定一块集结区域专供旅客乘坐出租车使用。

2. 机场巴士

机场巴士也是机场地面交通中常见的交通方式，通过在市区内定点设立车站，将站点与机场联系起来。旅客可就近选择站点，直接乘车前往机场。与出租车相比，机场巴士具有较高性价比。

目前，不少机场已经开通长途机场巴士，辐射到机场周边城市，减少了旅客因换乘产生的麻烦。

知识扩展：

2012年，首都机场运营的巴士线路共有11条，分别是方庄线，西单线、公主坟线、中关村线、奥运村线、西客站线、上地线、通州线、亦庄线、北京南站线；省级线路共6条，可到达天津、廊坊、秦皇岛、塘沽、保定、唐山。

3. 自驾车

在世界各地，私人汽车已成为进出机场最普遍的交通工具。自驾车的优点是极大的灵活性，人们可以驾车从家一直行驶到航站楼附近，如果旅客行李较多，或旅客是老人、孩子或残疾人，使用小汽车的便利更是显而易见的。在公路交通顺畅时，私人汽车可以很快地往返机场。

二、停车楼（场）

停车楼（场）是航站楼陆侧区域重要的组成部分，许多机场都建有大型或超大型的停车楼（场）。例如德国的法兰克福机场是欧洲主要的国际枢纽机场，拥有 14 000 多个公共停车位以及独立的公共汽车站。

知识扩展：

首都机场停车楼（场）

首都机场 1 号停车场：位于首都机场 1 号航站楼正南侧，共有车位数约 600 个，其中含小车位、中巴车位、大车位、无障碍车位。

首都机场 2 号停车楼：位于首都机场 2 号航站楼前，共有六层，地上两层，地下四层，共有车位约 4 300 个，其中含小车位、中巴车位、大车位、无障碍车位。

首都机场 3 号停车楼（GTC）：地上一层设有办公室等用房，地上二层为机场轨道交通线车站，地下一、二层为停车库。目前地下二层部分车位供出租车排队候车使用，其他车位供旅客及内部员工停放车辆使用。旅客可以通过设在地下一层东南侧的 15 个总进口进入 GTC 的环形道路，在行驶一定距离后，通过设在南侧及北侧的 8 个子进口进入停车库地下一层。停车楼分为 A、B、C、D、E、F、G、H、J、K 十个大区，中心服务区设在 C 区和 H 区。

三、机场综合交通体系

如今，有越来越多的城市打造机场综合交通体系，使机场汇集航空、火车、公路、轨道交通等多种交通方式，大量的客流使这个枢纽具有很高的商业开发价值。比如以虹桥机场为依托的虹桥综合交通枢纽，是城市交通建设的一大创新，它将航空、高速铁路、磁悬浮、地铁等多种交通方式结合在一起，汇集的交通方式的数量以及规模，在国际上都是前所未有的。

知识扩展：

1. 虹桥综合交通枢纽规划

虹桥综合交通枢纽规划范围东起外环线（环西一大道），西至现状铁路外环线，北起北翟路、北青公路，南至沪渝高速公路，总用地约 26.26 平方千米。虹桥综合交通枢纽具有高速铁路、磁悬浮、城际铁路、高速公路客运、城市轨道交通、公共交通、民用航空等多种运输方式的集中换乘功能，整个交通枢纽集散客流量为 48 万人次/日，包括以下几个部分：

（1）机场。在既有的虹桥国际机场跑道的西侧建设第二跑道及辅助航站楼，整个机场用地约 7.47 平方千米，规划旅客吞吐量为 3 000 万人次/年（日均为 8 万人次）。

2020 年，机场的旅客吞吐量规模约为 4 000 万人次/年（日均为 12 万人次）。

（2）铁路客站。站场规模按照 30 股道设计，站场占地约 43 公顷，保留现状铁路外环线作为货运通道的功能，实行客货分流。铁路设施用地（包括站场与线路）约 90 公顷。高速铁路客运规模为年发送量 6 000 万人次，日均 16 万人次。

（3）长途巴士客站。设立于铁路客站与机场之间，占地 9 公顷，发车能力为 800 班次/日，远期年旅客发送量达 500 万人次，日均 2.5 万人次，高峰日达 3.6 万人次/日。

（4）磁悬浮客站。设立于铁路客站东侧，按照 10 线 8 站台的规模设计，站台长度按照 280 米考虑，站台范围内车站宽度约为 135 米。

（5）轨道交通。规划引入 4 条轨道交通，即 2 号线、10 号线、17 号线、原 17 号线，此 4 条线路与低速磁浮线和机场快速线形成"4 + 2"的六线汇聚布局。规划轨道交通停车场用地约 60 公顷。

虹桥综合交通枢纽建成后，无论是乘飞机抵达虹桥机场，还是搭京沪高铁列车抵沪，都可以方便地换乘轨道交通、长途汽车、公交车或者磁浮列车，期间步行换乘距离约为 200 米。

2. 德国法兰克福机场空地衔接

在德国法兰克福机场，德国汉莎航空公司通过与德国铁路公司合作，使旅客可以通过汉莎航空公司的订票网络预订火车票，实现火车站发车时间与航班起降时间的衔接。旅客可以在火车站办理乘机手续并托运行李后，直接到达机场进行安全检查与登机。

第三节　新闻危机管理与媒体应对

一、新闻危机概述

（一）定义

新闻危机是指受事件、内外部环境等诸多因素影响，由媒体报道或恶意炒作所引发的危及企业声誉，以及向社会公众传递不良舆论导向的新闻报道。

近年来，各种自媒体（如论坛、博客、微博等）的出现使得信息的传递渠道进一步拓宽，加之旅客维权意识和社会责任感的不断增强，新闻危机出现的概率大幅上升，一件原本微不足道的小事就可能被公众和媒体放大甚至炒作，形成广泛关注的事件。

（二）特点

（1）突发性强。多数媒体在酝酿一篇负面报道时是不会与企业沟通的，危机常常在企业毫无准备的情况下发生，它会率先给企业造成极大的被动和混乱。

（2）危害性大。危机的产生不仅给企业带来巨大的经济损失，而且很可能对公众的心理和社会的稳定造成巨大隐患，往往会威胁到企业甚至整个行业的生存与发展。

（3）扩散性广。在互联网与信息高度发达的时代，任何爆炸性强的"焦点"与"热点"信息将在一瞬间通过各种传播手段及工具在全世界蔓延。

（三）类型

对于机场而言，可能出现的新闻危机可以归纳为四类。

（1）运行类。与机场运行异常相关的新闻事件，特别是对旅客影响较大的现象和故障，如大面积航班延误、出租车断流、行李系统故障等。

（2）安全类。与机场安全相关的事件，特别是造成财产或人员损失的事故，如航空器剐蹭、旅客伤害、消防事件、鸟击防范、走私偷渡、治安及刑事案件等。

（3）服务类。为旅客提供的服务相关的事件，特别是服务质量问题、服务设施异常、收费问题（如旅客投诉、餐饮及零售价格等）。

（4）其他。除以上三类之外的其他运营信息，包括领导层及员工个人信息，如重要人事变动，环保纠纷、法律纠纷，员工不适当言论及照片等。

二、新闻危机的影响

危机给企业带来的损失是多方面的，如不能给予及时、妥当的处置，不仅使企业当前经济效益和品牌价值遭受直接的影响，还会对企业未来的发展和品牌再造形成潜在的障碍，严重时甚至会影响整个行业的声誉或社会问题。

（一）影响公众对企业整体的正面评价

声誉是一个企业特别是大型企业赖以生存的基本要素之一，很大程度上依赖于公众对企业的感性认识和口碑，而非通过严格数据支撑起来的理性分析。因此，往往一两次新闻危机就足以将企业建立起来的正面评价瓦解，并在将来很长一段时间内都难以恢复。

（二）影响企业的生存与发展

当企业的声誉和口碑受到严重损害时，其产品（包括服务产品）销售一定会受到影响，如果这种影响程度足够严重，很可能会直接置企业于死地。

（三）连带引发行业甚至社会的新闻危机

当媒体和公众不断对危机进行关注，并开始逐步对同行业其他企业进行"刨根问底"时，往往有可能引发更大范围的新闻危机，从而危及整个行业的发展。比较典型的是2008年三鹿奶粉事件，一家企业的奶粉问题导致公众对国内整个乳制品行业的质疑，蒙牛、伊利等行业巨头纷纷被波及。

三、处置新闻危机的一般步骤

（一）冷静应对

要以较为理性的方式面对负面报道和不良舆论，确保能够全面、准确地理解、掌握、记录相关信息，从媒体和记者的角度考虑，找到造成新闻危机的原因。

（二）核实内容

对所掌握的负面内容进行分类，就有关内容所对应的相关业务及人员，分别向所属部门进行核实、了解，最终充实整个事件资料，为下一步工作做好准备。

（三）形势分析

分析消息来源，以及公司、作者、所属媒体间的关系，判断负面报道的性质。通过收集信息和情报初步判断媒体下一阶段的动向，以及目前公司所处的舆论环境情况。

（四）制定策略

根据事件的性质、急缓程度，以及潜在爆发规模，制定合理、可行的策略，拟定新闻口径，如一对一沟通、重点媒体采访、集体采访、召开新闻发布会等。

（五）主动沟通

就掌握的有关情况及时与作者、所属媒体领导进行沟通，在进一步了解媒体诉求的同时，传递我方态度，稳定媒体情绪，赢得同情与理解，保持与现场及所属部门的有效沟通，确保始终掌握事态的进展程度。

（六）持续关注

始终保持与记者间的联络，不断收集、监测媒体反馈，对事发现场以外的记者及时就事件的阶段性处置情况进行通报，对已抵达事发现场的记者进行统一组织、引导、服务，确保其行动在可控范围当中，最终按照既定处置策略予以实施。

四、服务人员如何应对新闻危机

新闻危机的特点及其对企业可能带来的巨大影响，决定了其必须由专业工作者来处置，但新闻危机的应对也离不开所有员工的共同努力。

（一）引导记者至新闻部统一接待

通常情况下，机场设立有专门部门负责记者或媒体在机场范围内拍摄和采访的统一管理和接待工作，这主要是为了确保机场运行的安全和顺畅。机场员工特别是一线员工，很可能在工作场所发现有记者拍摄或者采访，此时应做好对记者身份的核实和引导工作。

（二）不随意接受采访，不透露任何未经官方发布的信息

当新闻危机出现时，员工往往能掌握部分信息，而这也是媒体搜集信息的常用渠道。当有媒体询问异常事件的相关情况时，员工应恰当应对媒体的询问，不透露任何未经官方发布的信息，这是因为个人掌握的资料往往是片面或不准确的，员工的任何回答都可能被作为机场方面发布的信息采用，我们经常在新闻中看到的以"据工作人员称""据知情人士透露"开头的信息，往往来自于这种无心的发布。从新闻危机处置的全局考虑，同时也为了保护员工利益，应将答复权交给机场新闻发布部门。

（三）正确运用自媒体资源

随着通信技术的发展，个人拥有的一些资源（如博客、微博等）都成为小型的新闻发布工具。当危机事件发生时，应谨慎使用各种发布工具，不发布与事件相关的任何信息。

知识扩展：

自媒体

自媒体是指私人化、平民化、普泛化、自主化的传播者，以现代化、电子化的手段，向不特定的大多数或者特定的单个人传递规范性及非规范性信息的新媒体的总称，也叫"个人媒体"，包括电子布告栏系统（BBS）、博客（Blog）、播客（Podcasting）、手机群发（Groupmessage）、微博（Microblog）。

五、媒体如何获取信息

媒体就是宣传的载体或平台，如报刊、广播、广告、电视、互联网等。随着科学技术的发展，逐渐衍生出新的媒体，如网络电视、电子杂志等。从事信息采集和新闻报道工作的人通常被称为记者，一般而言，记者在报社、电视台、广播电台、杂志社、通讯社等机构工作。网络出现之后，也有部分记者为网络媒体（网络报）或专业网站工作。

记者作为一种特殊职业，挖掘新闻、吸引关注是他们的天职。无论是正面新闻还是负面报道，只要有新闻价值，能够引起公众注意，记者就有责任进行报道并从中获取报酬，因此记者获取新闻信息并非是出于恶意或者故意刁难，而是一种职责。

（一）直接询问与现场采访

这是记者获取信息最正式的渠道，也是记者一般首先采用的方式。记者会先表明

身份，并说明采访意图。如遇到这种记者，可告知其联系机场新闻部门，并及时向上级管理部门报告采访事宜，以帮助新闻部门及时掌握记者信息和意图。

（二）电话采访或短信采访

这也是记者特别是文字记者喜欢采用的方式。记者会先表明身份，并说明采访意图。处理方式与第一类相同。值得注意的是，有记者可能会拨打服务电话，以旅客身份询问，这是属于第三类情况。短信采访一般比较少采用，但也不排除记者认识机场内部员工，以朋友身份打听相关信息的情况，这也是一种暗访。因此，当机场有异常事件发生时，应该提高警惕性，不向外界透露相关信息。

（三）不透露身份暗访

当出现意外或事故时，考虑到责任方可能会掩盖事实，记者很可能自称是旅客到现场进行询问或致电进行问询。值得注意的是，有记者可能掌握机场一些并不公开的电话，并以旅客身份进行咨询，因此在任何情况下，不要泄露本岗位允许公开信息以外的任何细节。

（四）通过其他方式间接获取

这种情况多出现在对较多旅客出行造成影响时，记者可能会接到"爆料"或直接向当事人了解情况。在自媒体盛行的今天，记者更是可以通过简单搜索得到想了解的信息。因此各岗位的员工都需严格注意自己的言行，防止自己成为负面新闻的导火索。

六、员工如何应对媒体

（一）了解意图和掌握基本信息

1. 现场采访

在遇到有记者到场采访的情况时，首先要主动上前，提供自身职责范围之内的服务，并在沟通中了解和掌握基本信息（如记者的单位、来访目的等），但不要透露内部信息（如内部制度、未公示的标准、薪酬水平、人事结构等），告知其可与机场新闻中心联系，获取全面信息。

2. 电话采访

当工作人员接到电话访问时，首先要耐心聆听，确保信息接收的准确性，有效区分其内容特点并给予分类处置，如旅客投诉、服务咨询、电话采访等。但不管为哪种性质，均按服务标准程序进行应答，避免出现超出服务范围的回复。结束通话后，应尽快向机场新闻中心通报来电者信息，如媒体名称、记者姓名、电话、通话内容等。

（二）谨慎应对

（1）当记者就有关问题主动向工作人员进行询问、了解时，不要闭口不言或刻意回避，要自然得体地回答问题，但需严守纪律，在未经授权的情况下，不得透露关于事件本身的相关信息。

（2）在媒体询问超出自己服务范畴的内容时，应礼貌地告知对方所询问内容超出了自己的服务和工作范畴，请对方联系机场新闻中心，并告知联系电话。在必要时，也可以"向相关部门询问"为由，主动为其拨通新闻中心电话，促使其与新闻中心建立联系。

（3）当与媒体完成接触后，应尽快向新闻中心通报来电者信息，如媒体名称、记者姓名、电话、服务或通话大致内容和过程等。

（4）上述工作没有得到有效回应时，坚决不能采取粗暴手段，如阻拦、直接挂断电话、抢夺设备、限制采访行为等。员工应在第一时间将有关信息及时向上级领导和新闻部门通报，为以后的处置工作赢得时间。